ヒトはなぜ幼児を虐待するのか

医学博士
林 愼吾
Hayashi Shingo

たま出版

はじめに

2010年3月26日、この原稿を書き始めてすぐに、TVで2歳の息子をくずかごに入れて窒息死させた母親の裁判が報道されていました。3月29日には大阪門真市で19歳の同居男が2歳男児を虐待死させ逮捕されたとの新聞報道、翌30日には大相撲の行司が息子を虐待して逮捕とTV報道、続いて31日には大阪市淀川区のマンションのベランダのプランター内から幼児の2遺体が見つかり母親逮捕と、児童虐待が止まりません。もちろん各方面で色々な対策が講じられているのでしょうが、その効果は上がっていません。親が何故我が子を虐待するのか、その原因に対して正しい把握ができていないので、いくら対策を講じても効果が上がらないのです。

何故親が子を虐待するのか。それは、子供なんていらないじゃまな存在であり、育てるのが面倒だからです。

3年前、小生は現在小中学校で行われている性教育に対しての間違いを指摘し、『これでいいのか！　性教育』（早稲田出版）を上梓しました。その後も引き続きこの問題を考えてきて、現在のこの際限のない性の解放は、フェミニズム運動による男女共同参画社会を目指す運動に関連していると感じるようになりました。昭和30年代ぐらいまでは、性行動に対して女性に厳しく男性に甘い、いわゆる性のダブルスタンダードがまかり通っていました。結婚制度も、女性は家庭に入って家事を取り仕切り、夫の世話、あげくには夫の両親の介護まで押しつけられるのが当たり前と思われていました。女性にとって結婚生活は決して夢に見たようなものではなかったのです。

１９７０年以降、フェミニズム運動が社会的に認められると共に、女性の社会進出、また性の解放が進んできました。その後もフェミニズム運動は西欧諸国ではどんどん進んでおり、結婚して子供をつくることは仕事を続ける妨げになると考える女性が増えています。

また、子供は欲しいが結婚はしないという女性が現れたりして、一人親家庭の増加、離婚率の増加、さらには結婚制度自体も崩壊しかかっています。

男女の不平等を是正するためのフェミニズム運動がもたらしたこの状態は、女性にとって、また人間社会にとって果たして幸せといえるのか、大変疑問に思います。

本書では、その男と女の問題を、生命の根源までさかのぼって考えてみました。男と女は発生の過程でどのような差があるのか、胎児の間に受ける性ホルモンの影響は生後どんな形で現れるのか、性同一性障害やホモセクシュアル、レズビアンは生後の環境や教育に影響されて起こるのか、同様に、男っぽい女や女っぽい男はなぜ存在するのか、といったような、男と女の成り立ちを調べることから始まって、過去から現在に至るまでの男子尊重、女性蔑視の原因を探るべく、哲学、宗教学、倫理学、社会学、女性学、生物学などについて考察しました。

その結果、人間社会がどうして男性優位に動いてきたのか、性をどうとらえるのが正しいのか、フェミニズム運動は今後どう進むべきか、児童虐待を防止するためには何をなすべきかなどについて、各界の専門家の著書を引用しながら意見をまとめ、その解決法を著した次第です。

我々日本人は、明治以降一貫して西欧文明を手本にして国家を築き、国民を教育してきました。そのおかげで今日の日本の繁栄があるのは確かですが、しかし現在のこの混乱した社会情勢を考えると、今後もこのまま西欧文明を無条件に受け入れ続けるのがはたして正しいことかを問い直す時期にきていると考えるべきです。むしろこれからは、私たち日本人が西欧人の手本になって崩壊しかけている家族制度を再構築し直さなければいけません。時代はチェンジしたのです。

目次

第1章

生命の誕生

子供は親に似た顔をしています。背丈も、やせとか、肥満も親に似ています。体つきだけではなく、性格も似て生まれます。このように親の持つ性質（形質）が子に伝わることを、遺伝といいます。紀元前のギリシャの医師ヒポクラテスは、体の色々な部分から何かの物質がつくりだされて、それが親から子に伝わると考えました。

時代は進んで1866年、オーストリアのグレゴール・メンデルは、この遺伝という現象をエンドウ豆を使って科学的に研究し、「メンデルの遺伝の法則」を発表しました。彼は、親から子に伝えられる遺伝因子を「エレメント」と呼びました。メンデルのエレメントは、1909年、ヨハンセンにより「遺伝子」と名づけられました。

染色体についての研究は、まず1842年、ミュンヘンの植物学者カール・ネーゲリが、細胞の核の中に小さい棒状のものを見つけました。1888年、ヴァルデヤーが、それは色素によく染まるので「染色体」と名づけました。この染色体が、メンデルの見つけたエレメント、すなわち遺伝子本体であることが、1902年コロンビア大学の医学生ウオルター・サットンにより提唱されました。

ドイツでは、テオドール・ボヴェリが独自にサットンと同じ結論に達していました。そのため、この発見はサットン＝ボヴェリ染色体説と呼ばれます。サットンは、一対の染色体上に遺伝子が一つずつのっているのではないかと考えました。しかし、一つの細胞の中に入っている染色体の数はせいぜい数個から数十個です。目の色、髪の色、背の高さ、鼻の高さ、はてはいろいろなしぐさや性格まで、遺伝の要素は数えきれないほどあります。

このように考えると、遺伝子は一本の染色体上にたくさんのっていなければなりません。サットンと同じコロンビア大学のトマス・モーガン等は、1933年に多数の遺伝子が染色体上に並んでいることを証明しました。

私たちは皆、父親の精子と母親の卵子が受精して生まれた細胞（受精卵）からできています。卵子と精子は、「生殖細胞」と呼びます。生殖細胞は、卵子も精子もそれぞれ同じ形をした「常染色体」（普通の染色体）を22本持っています。そして、この常染色体とは別に「性染色体」（XとYで表す）と呼ばれる特別な染色体を1本持っています。Xは女性をつくる染色体で、Ｙは男性をつくる染色体です。卵子は常染色体22本＋性染色体Ｘ１本＝23本を持ち、精子は常染色体22本＋性染色体ＸまたはＹを１本＝23本を持っています。

このように、卵子の性染色体はすべてＸのみですが、精子の性染色体はＸとＹがあります。私たちの体を構成している細胞は「体細胞」と呼びます。体細胞は卵子と精子が結合してできたものですから、卵子からの染色体と精子からの染色体が合わさって計46本の染色体が入っています。細胞内の染色体の数が正確に数えられたのは、１９５６年になってからのことです。

体細胞を実際に顕微鏡で見ると、同じ形の染色体が２本ずつ見えます。この同じ形をした一対の染色体を「相同染色体」と呼びます。相同染色体の１本は卵子から来たものであり、もう１本は精子から来たものです。相同染色体には、いろいろな形をしたものがあります。細長いもの、丸い小さいもの、中くらいの長さのものなど、いろいろですが、どの形のものが何本あるかは種によって決まっており、ヒトでは大きい順に番号がつけられています。一番染色体が最も大きく、二十二番染色体が最も小さいものです。

１９４４年、ニューヨークのロックフェラー研究所のオズワルド・エーヴリー等が、遺伝情報を伝える物質はＤＮＡ（※１）であることを発見しました。続いて１９５３年、ジェームス・ワトソンとフランシス・クリックがＤＮＡの構造を明らかにしました。

※１　ＤＮＡ＝遺伝子を含む核酸塩基

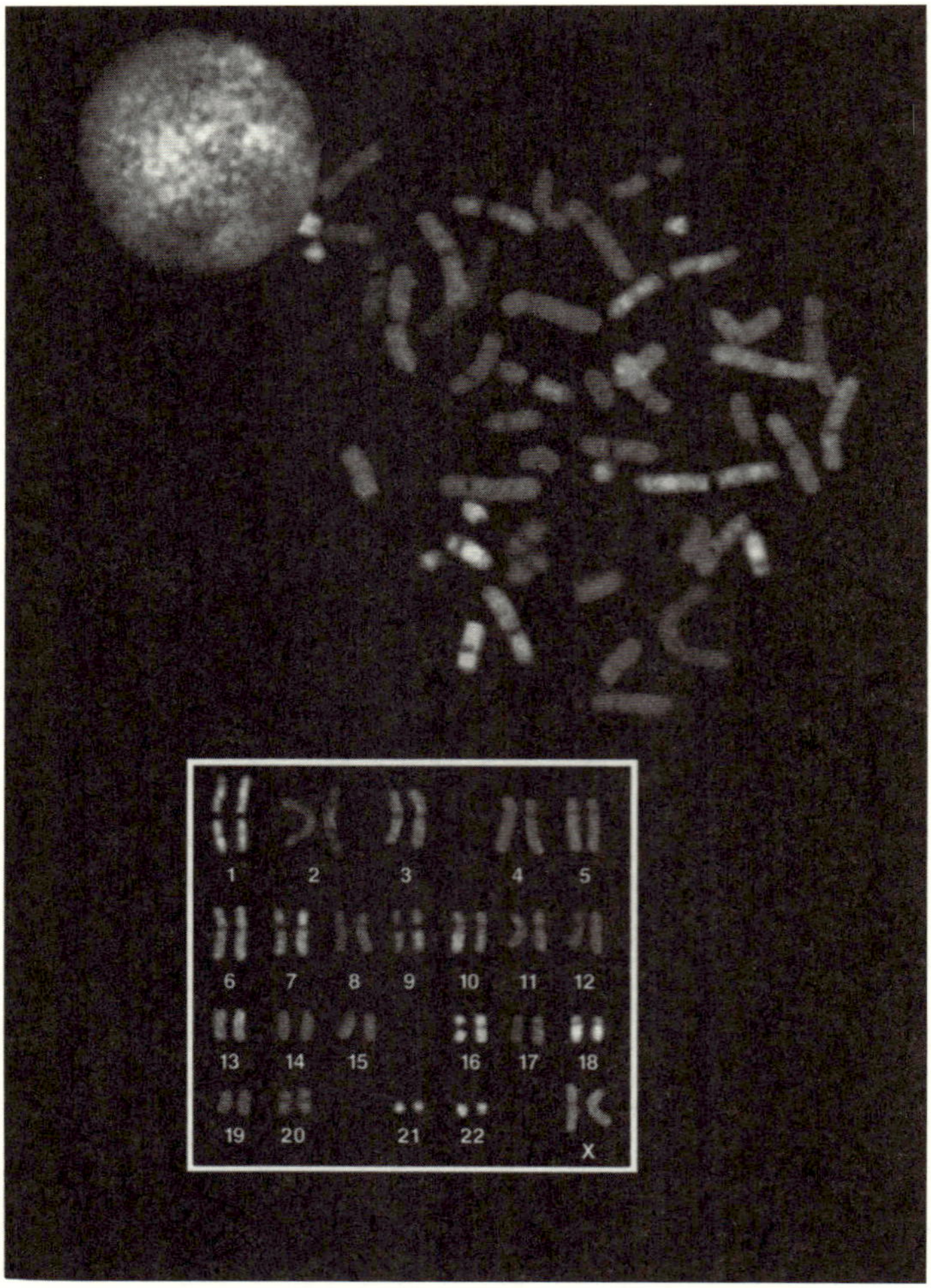

ヒトの染色体

（ジェームス・ワトソン『すべてはここから始まった　DNA』より）

ＤＮＡは核酸塩基（塩基）とデオキシリボースとリン酸が一つの単位となって、それが長くつながった二重らせん構造になっています。塩基とデオキシリボースとリン酸がつながったものをデオキシリボヌクレオチドアシドと呼び、その頭文字でＤＮＡ（Deoxyribo Nucleic Acid）と呼ばれるわけです。その塩基には、アデニン（Ａ）、グアニン（Ｇ）、チミン（Ｔ）、シトシン（Ｃ）の四種類があります。

ＤＮＡは細長い糸状の二重らせん分子ですが、それをもつれないようにギリギリ巻きにして、太く短くしたものが染色体です。ＤＮＡは染色体という形で体細胞にくまなく配られます。

１９２０年、ハンス・ウインクラーは、生物が持っている全遺伝情報を、遺伝子「gene」の頭と、染色体「chromosome」の尻尾をとって、gen+omeでgenome「ゲノム」（※２）という造語で呼ぶことを提唱しました。ヒトには10万個の遺伝子があるだろうといわれていましたが、ヒトゲノムの解読が進むにつれて、ヒトの遺伝子は3万５０００個と推定されました。

すべての生物種は、種に特異的なゲノムを持っています。ヒトゲノムにはヒトである特徴がすべて記されています。チンパンジーにはチンパンジーのゲノムがあります。ヒトゲノムとチンパンジーゲノムでは、そのちがいは1〜2%しかありません。ヒトはお互い外見も性格も異なっていますが、ゲノムのちがいは０・１%くらいです。

※2　ゲノム＝ある生物の持つ全ての遺伝情報

ヒトのDNAは、塩基30億個が対になっている分子です。ヒトゲノムを解読するということは、30億個の塩基配列を調べることです。すなわち、Aの次はT、Tの次はGというように、

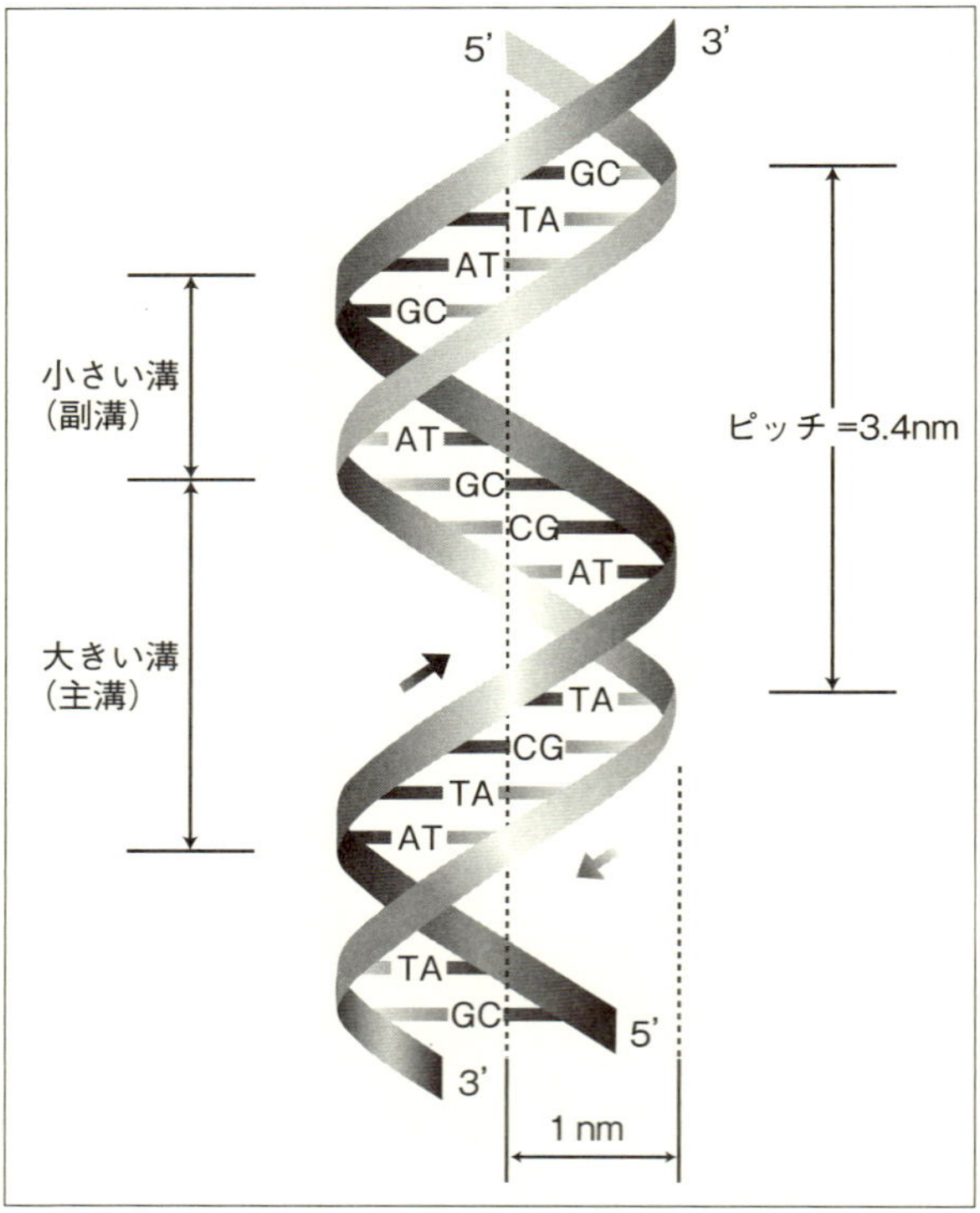

DNA の構造

（トム・ストゥレーチャン他『ヒトの分子遺伝学』より）

30億個の塩基の順番を調べるのがゲノムを読むということです。

塩基１個は１千万分の３㎜という大きさです。これでは小さ過ぎてよくわからないので、仮に１塩基が１㎝としてみると、普通の遺伝子の長さは65ｍ、中くらいの大きさの染色体の長さは２０００㎞、全ＤＮＡは地球をほぼ１周する長さになります。

ＤＮＡ解読というこの難解な作業に最初に成功したのは、イギリスのケンブリッジ大学のフレッド・サンガーです。彼は、ファイＸ１７４と呼ばれるウイルスのＤＮＡを解読しました。このウイルスの最初の12文字が読まれたのが１９６８年で、ファイＸ１７４ウイルスのＤＮＡ５３８６文字全部を読み終わったのが１９７７年です。ということは、サンガーは１年でたったＤＮＡ５３９文字しか解読できなかったことになります。この速さでヒトゲノムの30億文字を読むとすると５５０万年かかることになり、ほとんどの研究者はヒトゲノム解読など不可能だと思っていました。それが何と、20年そこいらで読み終えてしまったのです。

これには、コンピューターによるＤＮＡ塩基高速自動読み取り装置の開発など、日本人研究者の努力も貢献しています。ワトソン等は、ヒトゲノム解読には15年という時間と年間２億ドルの費用がかかるとみていました。ＤＮＡ１個あたり１ドルという見積りになります。スペースシャトルの打ち上げには１回約４億７千万ドルかかるそうですから、ヒトゲノム解読計画はスペースシャトル６回分の費用がかかる計算です。

２０００年６月26日、米国のクリントン大統領はホワイトハウスで記者会見し、ヒトゲノムの概要解読が完了したという声明を発表しました。

「今日、私たちは、神が生命を創造するときに用いた言葉を知ろうとしています。この大いなる新知識によって、人類は計り知れない癒しの力を得ようとしているのです」

英国のブレア首相もテレビを通して参加しました。マスコミは、すぐさまこれをアポロの月着陸になぞらえて報道しました。壮大な出来事には壮大な言葉がふさわしいというわけです。

しかし、解読されたのは、ＤＮＡの中に塩基がどんな配列で並んでいるかということだけで、その意味はこれから調べなければなりません。

米国の人類遺伝学者ニールは、ＤＮＡを、「人類のただ一つの所有物――すべての困難を克服してわれわれを人間たらしめている二重らせん」と表現しています。

発生生物学者西駕秀俊は、染色体上の遺伝子を役者に例えて次のようにわかりやすく説明しています。

> 染色体の上に並んだ数万の役者の一人ひとりがどんな顔をしているのか、そしてどんな順番で染色体上に座っているかは解明されました。しかし、それぞれの役者の出番はいつなのか、舞台のどこに立つのか、そして相手は誰かというような役者の行動プログラムは、これからの研究に委ねられています。また、生物の発生をつかさどる情報はゲノム上に書かれてはいません。発生をつかさどる遺伝情報を理解するには、役者の個性を知るだけでなく、役者がいつ舞台に登場し、どんなせりふをしゃべっているのか、他の役者たちとどんなやり取りをするの

か、役者たちが働く舞台はどのようになっているのかを理解することが必須です。ここでいう舞台とは、受精卵や胚、その中の細胞です。受精卵は、まさにさまざまな仕掛けが隠された巧妙な舞台なのです。その全貌が明らかになるのは、これからの研究にかかっています。

卵子と精子

（長谷川寿一『進化と人間行動』より）

男と女の誕生のしくみ

人間の卵細胞は、精子の8万5000倍もの容積を持っており、一生の間に女性が排卵しうる卵の数は約400個、そのうち最大限約20個は健康な子供に育つことが可能です。

一方、男性は1回の射精ごとに2億個以上の精子を放出します。もしも男性が性行動に自由な振る舞いを保障されていたら、生涯のうちに数千人の子供をつくることができるはずです。

母親の卵巣の一方から排出された成熟卵は、卵管に沿って移動してきます。その時、父親が約2億個の活発な精子を射精します。そのうち子宮に到着する精子は20～30万個、卵管に入るのは２０００～３０００個、卵子にたどり着くのはわずか１００個、そして実際に卵子と受精するのはたった1個です。そのたった1個の選ばれた精子が卵に侵入して受精卵となり、子宮に着床します。

精子が卵に侵入した受精の瞬間に男女の性別が決まります。性を決定する染色体、すなわち性染色体は、母親はＸ、父親はＸとＹを持っています。母親が提供するのは必ずＸ染色体なので、誰でも少なくとも一つのＸ染色体を持つことになります。

一方、父親が提供する性染色体は、Ｘ染色体かＹ染色体のどちらかです。もしＸ染色体を持った精子が精子競争で勝ったら、子供の性染色体はＸＸになるので女の子となり、反対にＹ染色体が勝った場合はＸＹで男の子になります。

受精後7週目までは性的には未分化の状態で、男女両方の輸管系＝生殖腺原基（男性原基ヴォルフ管、女性原基ミュラー管）が一対ずつ備わっています。男の赤ちゃんは、胎生8週目に、まず男性原基ヴォルフ管の分化が始まります。その際に重要な働きをするのが、１９９０年にSinclair らがＹ染色体上に発見したＳＲＹ（Sex determining Region of the Y ＝Ｙ染色体性決定領域）遺伝子です。ＳＲＹ遺伝子の働きで、未分化であったヴォルフ管から精巣がつくられます。

胎生9週目頃から、できあがったばかりの精巣から分泌される男性ホルモンと、その中に含まれる「女性原基ミュラー管抑制因子」の影響で輸管系の分化が始まります。まずミュラー管が退化し、ヴォルフ管が発達し、精巣上体、輸精管、精嚢、前立腺などができます。

胎生10週目頃から外性器の分化が起こり、陰茎、陰嚢が形成されます。男性ホルモンの分泌は胎生12週頃に一度ピークを迎えます。

一方、女の赤ちゃんは、SRY遺伝子が存在しないので、男性ホルモンに曝されることはなく、性分化は男性より遅れます。胎生10週目頃からヴォルフ管が退化し、11週頃からミュラー管の分化が始まり、卵巣が形成され、ついで子宮、膣の形成が始まり、外性器の分化は胎生20週頃になります。

出生前の「臨界期」（※3）に、男の胎児の精巣から分泌される男性ホルモンミックスはヴォルフ管を刺激し、精嚢、前立腺、精管へと発達させます。出生前のホルモンミックスが男性型でない場合は、ミュラー管が女性方向に発達して子宮、卵管、膣の上部となり、ヴォルフ管は退化します。女の胎児の卵巣からのホルモン分泌は、女性の性分化には関係しません。この段階において女の胎児が女性として分化するためには、女性ホルモンの刺激は必要ではなく、男性ホルモン不在だけが必要なのです。

性ホルモンは性の分化に大変重要な働きをします。私たちは正常な状態であれば、男性の精

※3　臨界期＝胎生期8週目から出生後5日目くらいの間で性の分化が進行している期間のこと。この時期以降は性の転換ができなくなる。不可逆性。

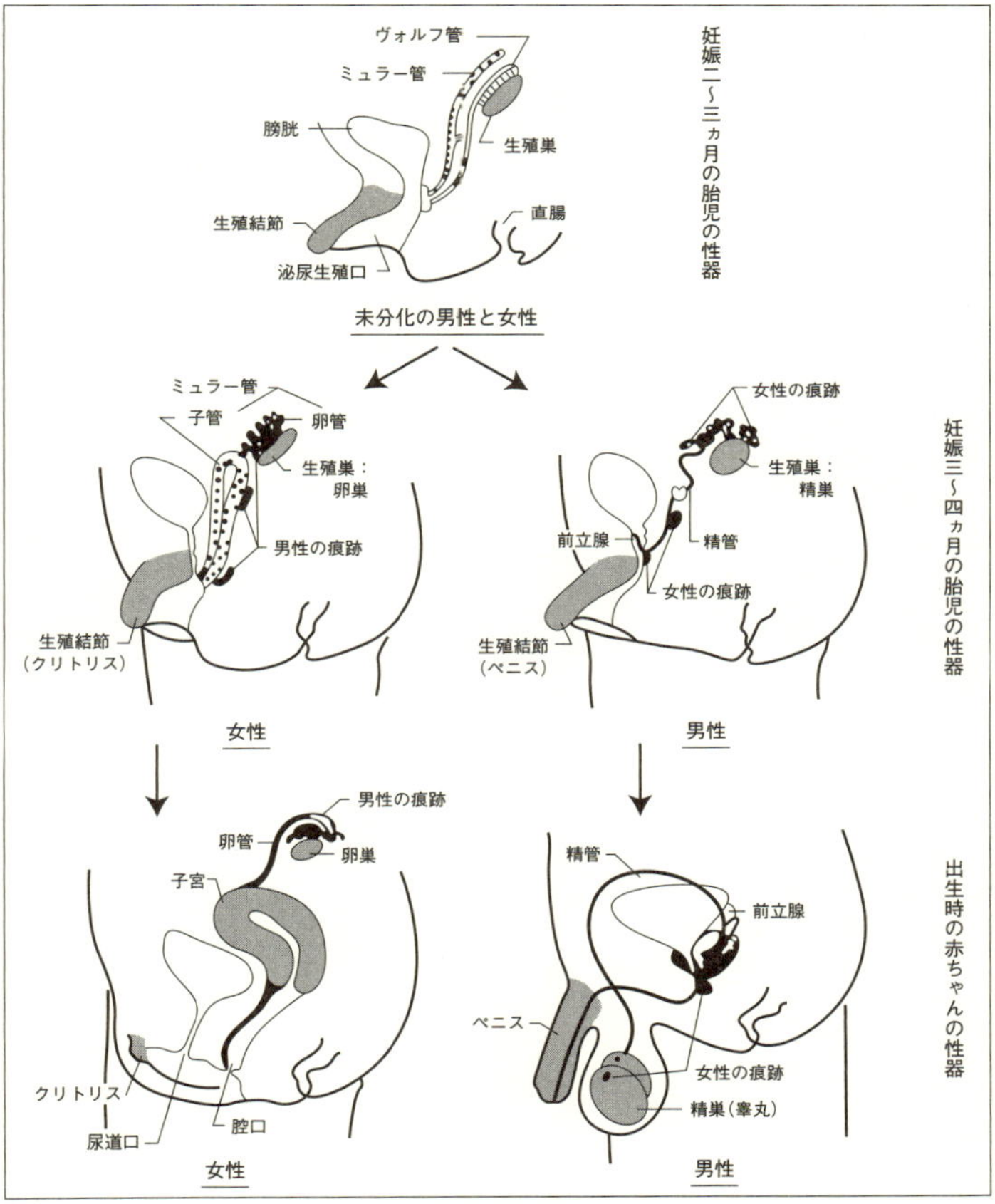

人間の胎児の性分化

（ジョン・マネー他『性の署名』より）

巣からも女性の卵巣からも男性ホルモンと女性ホルモンを分泌します。健康な男性も女性も、その体内では、男性、女性両方の性ホルモンが巡っているのです。

男性と女性の違いは、男性ホルモンと女性ホルモンの比率にあります。男性は、精巣から充分に男性ホルモン・アンドロゲンが分泌されます。女性は、卵巣から女性ホルモン・エストロゲンが充分に分泌されます。

しかし、分泌される性ホルモンの量とそれぞれのホルモンの混合率は、男の胎児、女の胎児に一定ではありません。男性ホルモンがたっぷり分泌されている男の胎児もいれば、女性ホルモンが比較的多く分泌されている男の胎児もいます。女性ホルモンがたっぷり分泌されている女の胎児もいれば、男性ホルモンが比較的多く分泌されている女の胎児もいます。妊娠中の女性のホルモン分泌異常や分泌時期の変動は、胎児に生後の性自認や性指向に影響を与えることになります。性自認、性指向については後述します。

■男脳と女脳の性分化

男児は胎生14~20週頃、SRY遺伝子の働きにより男性ホルモン・アンドロゲンが大量に分泌されます。この時期の男の胎児のアンドロゲン血中濃度は、成人男性に匹敵する量で、まさにアンドロゲンのシャワーを浴びているようなものです。

一方、女の胎児ではアンドロゲンはほとんど出ないので、母親の女性ホルモンの中で成長し

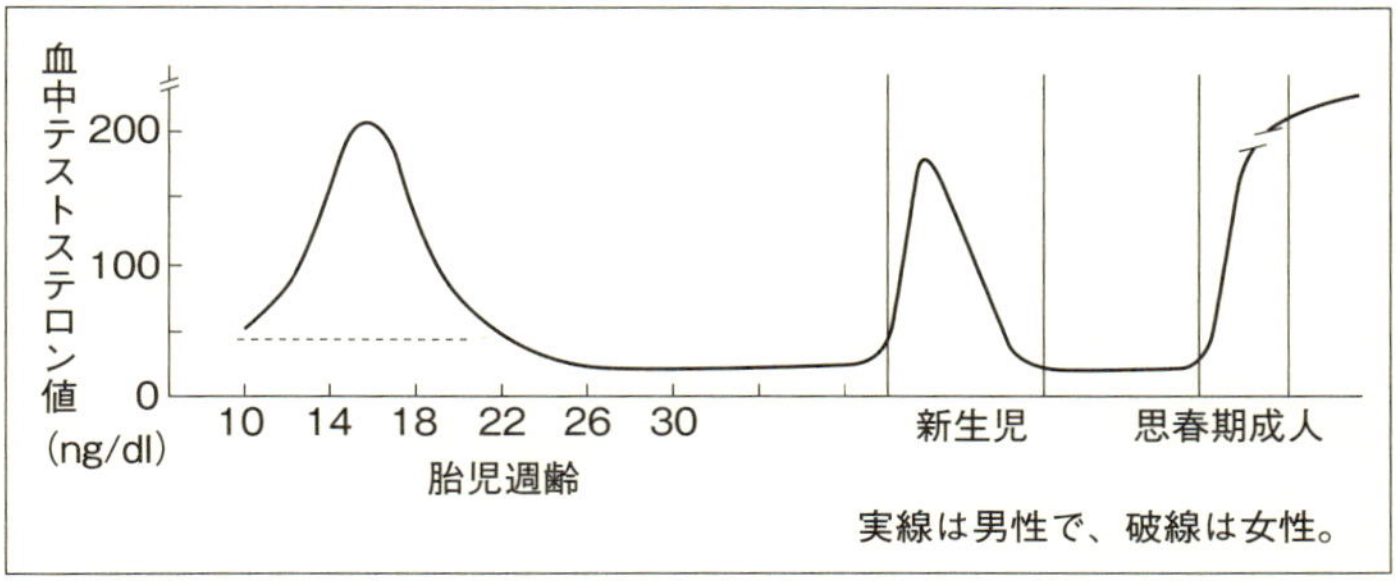

ヒト胎児・新生児・小児の血中テストステロン（アンドロゲン）の変動

（田中富久子『女の脳・男の脳』より）

ます。

このアンドロゲンシャワーの有無によるホルモン環境の決定的な差のもとで、男の胎児と女の胎児は、胎生20週以降、それぞれの脳を形成していくといわれていますが、まだ不明点も多くあります。

このアンドロゲンの分泌、アンドロゲンシャワーが、男児脳では性に対しての感情や行動に最も関係が深いと考えられている視床下部や辺縁系、特に視策前野ないし扁桃体など、本能と情動をコントロールする古い脳に存在するアンドロゲン感受性神経核に作用して、男性型脳が形成されます。女児はアンドロゲンシャワーに曝されないため、女性脳が形成されることになります。

男児は、アンドロゲンによって男性型脳が形成されたあとに、さらにアンドロゲンが女性ホルモン・エストロゲンに反応する女性特有の神経回路網の形成を抑制し、神経回路網の「脱女性化」を、「臨界期」までに完成します。

最近になって、個体発生や分化に関する細胞生物学や分子生物学はめざましい発展を遂げ、新たな知見がもたらされています。1994年、Pilgrimらによると、脳の性分化には、発癌遺伝子、成長因子、栄養因子などの種々の因子、また遺伝子自体の効果などが複雑に関与していることを示唆しています。したがって、脳の性分化をアンドロゲンだけで説明することは困難となってきており、今後新たな展開が予想されています。

さらに別の研究では、2004年にカリフォルニア大学の精神生物学者たちが、ヒトの男性と女性の脳ではX染色体およびY染色体に由来するタンパク質の発現にいちじるしい違いがあると報告しました。具体的には、男性では、脳の多くの部位にY染色体によって直接コードされるタンパク質が豊富に存在するが、こうしたタンパク質は女性脳には見られないこと。対照的に女性の脳には、X染色体によって直接コードされる物質が豊富にあるが、このX染色体から転写された情報は男性脳には見られないことです。

こうした性差は、従来から言われている性ホルモンの違いがもたらすものではなく、染色体の働き自体に男女差があるためで、男女脳の性差は遺伝的に組み込まれたものであるということになります。すなわち、女性脳と男性脳は性ホルモンの影響を受ける以前に、染色体のレベルで本質的に異なっているということが、色々な角度から証明されてきています。

ところで、サルの子供の遊びのけんかに見られる性差は非常に顕著で、オスはメスの5～20倍もけんか遊びをします。米国、ウイスコンシンの霊長類研究所のR・M・ゴイは、妊娠中のメスザルに男性ホルモンのテストステロンを注射しておき、その後生まれたメスザルの行動を観察すると、けんか遊びが増えていることを見つけました。しかし、生まれた後にメスザルにテストステロンを注射しても、メスザルの行動には影響が見られません。また、生まれたオスザルの精巣を摘除しても、オスザルがおとなしい遊びに変化することはありません。つまり、オスとメスは母親の子宮環境で決定されて生まれてくるのであり、生後にオスを去勢してもオスの行動はオスであるし、同じく生後にメスにテストステロンを投与しても、メスの行動は影響を受けないということです。

以上のことから、サルもヒトも誕生前に男子は男性脳になり、女子は女性脳になって生まれてくるということがわかります。出生後には性転換はできないのです。

この事実を人体実験してしまった例がアメリカにあります。

次に挙げるのは、ジョン・コラピット著『ブレンダと呼ばれた少年』の例で、これは不幸な事故により生後に性転換手術を受けた少年の実話です。

■性転換は可能か

１９６５年（昭和40年）、カナダで双子の男の子が生まれましたが、その双子の兄の方が、生後８ヶ月の時に受けた割礼手術の際の電気メスの電圧が上がりすぎて、ペニスを切り落としてしまうという事故が起こりました。悩んだ両親は、当時性科学の権威として脚光を浴びていた米国メリーランド州のジョンズ・ホプキンス大学のジョン・マネー博士の勧めにより、性転換手術を行うことにしました。

双子の兄は、1歳10ヶ月の時に睾丸を切除する去勢手術をして、女性ホルモン注射をしました。両親は彼にブレンダという名前をつけ、ドレスや人形を与え、懸命に女の子らしく育てようとしました。

ちなみに、ジョン・マネー博士は、1950年代から半陰陽（※4）患者の研究、治療を行っていた医師で、それらの幼児患者は手術とホルモン療法によって、男性・女性どちらの性にも変えることができると主張していた人物です。

彼はさらにその論理を拡大して、生まれて18ヶ月以内の子供の性自認（後述します）は中立であり、その間に性器の手術をしてホルモン療法を行えば、生まれつきの性別とは無関係にその子の性自認を決定することができるという理論を唱えました。

彼は、1972年にこのブレンダの例を性転換手術の成功例として医学界に報告し、1975年（昭和50年）には一般向けの著書『性の署名』を出版して、この性転換手術の結果、男として生まれた子供が女の子として順調に育っていて、家族も幸せに生活していると大々的に発表しました。

この報告は全米にセンセーションを呼び起こし、「ダーヴィン以来の大発見」とまでいわれ

※4　半陰陽＝一つの個体に男性性器と女性性器の両方が備わっている状態

ました。ジョン・マネーは、「今世紀で最も権威ある性科学者の一人」としての名声を得たのです。

しかし、ジョン・マネーは嘘をついていました。かわいそうな人体実験は失敗に終わっていたのです。ブレンダはまったく女の子の遊びに興味を示さず、歩き方も話し方も男のようで、おもちゃの銃を欲しがり、軍隊ごっこや木登りをしたりと、暴れ回ることが大好きでした。双子の弟は、「ブレンダにはまったく女らしいところがなかった。俺たちは二人して男友だちと城をつくったり軍隊ごっこをするのが好きだった」と述懐しています。

ブレンダは学校でも、自分のことを「男の子みたいだ」といういじめっ子を殴り、けんかも弟より強かったのです。母親はブレンダに、小便をするときは便器に向かって立ったまましてはいけないと何回も教えたのですが、ブレンダは聞く耳を持ちませんでした。

ブレンダが10代になり思春期になると、肩幅が広くなり、筋肉がつき、声変わりが起こりました。ブレンダは自分の性にずっと疑いを持っていました。学校では友人もなく孤立して、心に深い傷を負っていました。両親も悩みました。マネー博士を信じていた母親はうつ病になり、父親はアルコール依存症になってしまいました。

１９８０年（昭和55年）、14歳になっていたブレンダに、父親は悩み果てた末についに真実を話しました。おまえは男の子として生まれたが、包皮切除手術の失敗でペニスを切断してしまった。そこで両親は専門家の指示でおまえを女の子に変えて育てることにしたということを話したのです。

真実を聞いたブレンダは、男に戻る決心をします。名前はデイビッドに改めました。後にデイビッドは次のように言っています。

「俺は一度だって自分のことを女の子だと感じたことはなかったんだ。男の子がするようなことをしたかった。とにかくしっくりこないんだ。だから俺は思ったんだ。何かが間違っているって」

ジョン・マネー博士の虚偽が暴露されてその権威が失墜したのは、ブレンダが男に戻ってから17年も経ってからのことでした。デイビッドは16歳の時に人工陰茎を装着する手術を受けます。22歳でさらに精巧な人工男性性器形成外科手術を受け、性交も可能になりました。そして25歳の時、既に結婚していた弟夫婦の紹介で、3人の連れ子を持つ女性と結婚します。しかし、彼の幸福は長くは続きませんでした。２００４年（平成16年）、デイビッドは自殺してしまいます。38歳でした。その2年前には弟が自殺しています。弟は、ブレンダ＝デイビッドのことで苦しみ、うつ病になったとのことです。

ジョン・マネーの犯した間違いは、性自認が生殖器にあるとしたことと、生後の教育の影響を重視し過ぎたことです。彼は、生後間もないうちに性器の切除手術をしてホルモン投与をし、目指した性に合致した教育をすれば性は変えられると考えていたのです。これは大きな間違いだったのですが、現在でも一部のフェミニストの中で、ジョン・マネーの理論が信奉されているやに聞きますが、脳科学の研究が進み、性自認において最も重要な器官は、生殖器ではなく脳であることがわかってきました。そしてそれは、胎児のうちに男性脳、女性脳として完成してしまいます。生後に生殖器を切除したり性ホルモンを投与したりしても、性を変更することはできないことを認識すべきです。

■男脳と女脳の性行動中枢

１９９１年頃、ＵＣＬＡのロジャー・ゴースキー教授らは、興味ある報告を行いました。それは、ヒトの性に対する感情や行動に最も関係が深いと考えられている、間脳の視床下部の視索前野から視床下部前野（オスの性行動の中枢・ＭＰＡ）にかけての四つの亜核からなる、前視床下部間質核（ＩＮＡＨ）の中のＩＮＡＨ－２、３に男女差があり、共に男性の方が女性より大きい性的二型核・ＳＤＮ（※５）であるというのです。

一方、オランダの国立脳研究所のスワープ教授らは、ＳＤＮはＩＮＡＨ－１であって、男性は女性より2倍以上大きいと報告しています。

それらの部分はすでに、ラット、モルモット、サルなどの動物実験の結果では、オスの性的覚醒に関する部分でオスとメスで大きさが違うことは知られていましたが、それが人間の脳で

※5　性的二型核＝ＳＤＮ〈Sexually dimorphic nucleus〉　男性と女性で大きさに差がある神経核

も同じく性差が見つかったわけです。

しかし、このように研究者によって意見がくい違うということに対しては、ゴースキーはヒトを対象にする研究の困難さに原因があると考えています。ヒトの脳においてこのような構造上の性差を厳密に評価するには、構造に影響を与えるたくさんの因子を考慮する必要があります。

たとえば、比較する男女の年齢は同じであることが必要ですが、実際には不可能なことです。実験動物の場合は、動物を殺す時間を選ぶことや、形態を維持するための適当な薬物で脳組織を固定することは簡単にできますが、ヒトの場合、そのようなことはまず無理であり、たいていの場合、脳の固定は死後何時間もたってからになるため、その間に何らかの変化が起こるかもしれません。それに、ヒトでは延命のためにしばしば大がかりな処置が施されるので、微妙な神経病理的変化が起こっている可能性もあります。また、脳の構造は生活環境によって変化するので、生前のライフスタイルや環境の違い、その環境への反応性などによって脳の構造に差が起こりうると考えられます。

ゴースキー等は、前述した発見の他にも、視床下部と辺縁系を結ぶような部位に位置している分界条床核（ＢＮＳＴ）の後内側部の大きさが、男性は女性の２・５倍もあることを見つけました。この部位は、ラットでは、性行動、攻撃行動、性腺刺激ホルモン分泌などという脳機能をつかさどり、性差があることがわかっているところです。

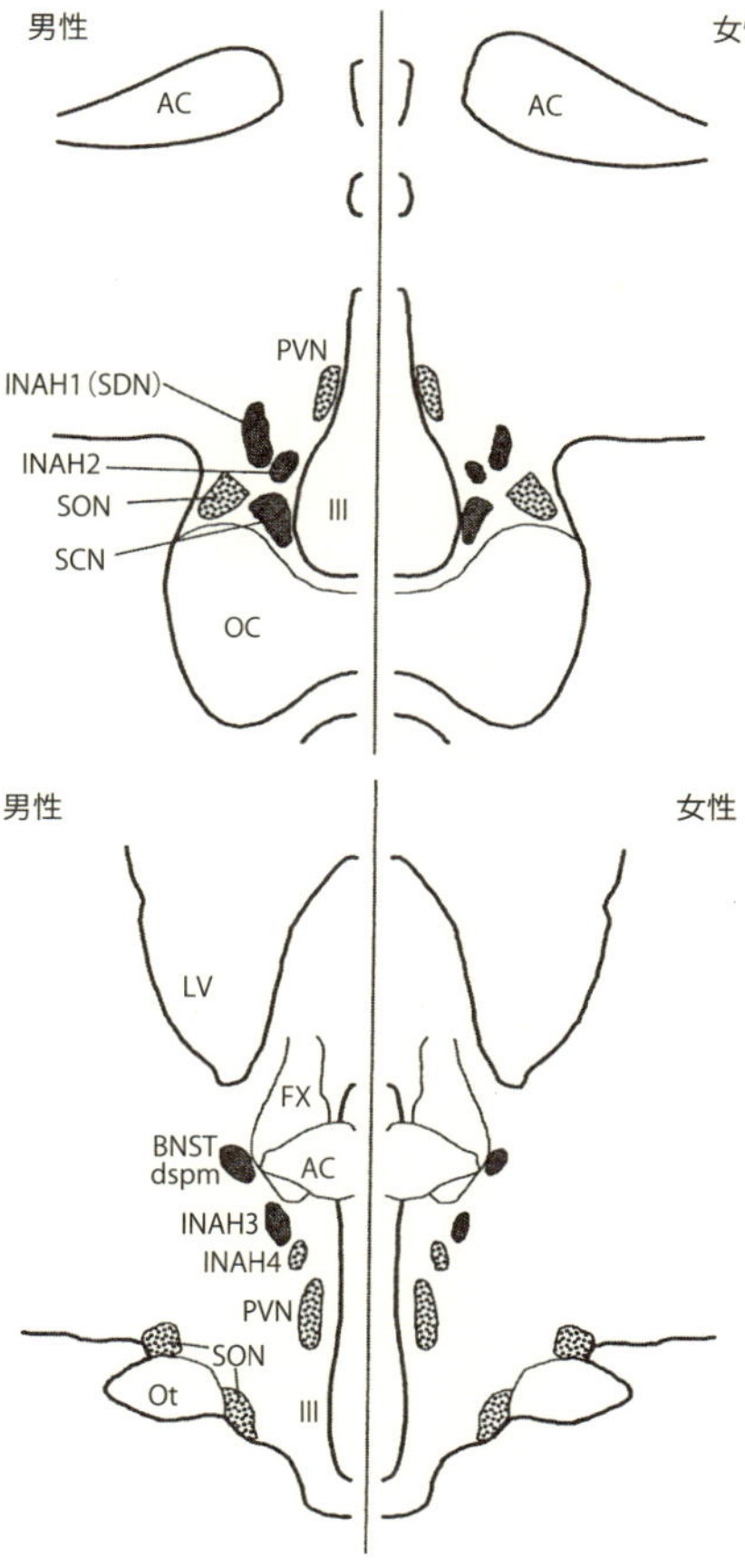

左は男性脳、右は女性脳。
前視床下部間質核 INAH-1, 2, 3, 、視交叉上核（SCN)、分界条床核（BNST)には性的二型性がみられ、男性で大きい。

ヒト視床下部の性的二型核

（山内俊雄『性同一性障害の基礎と臨床』より）

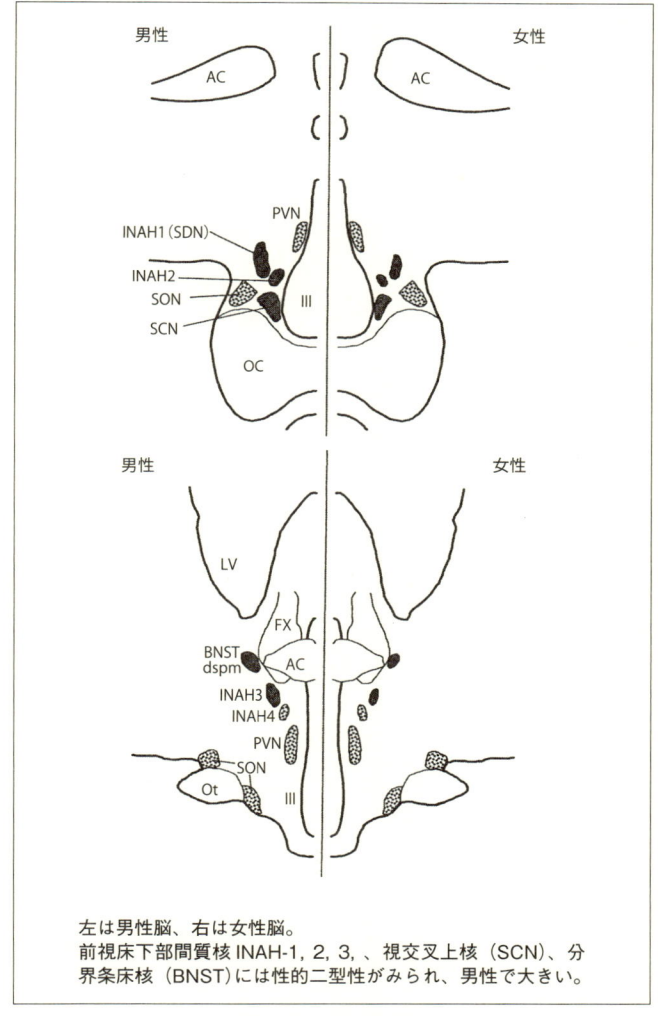

他方で、オランダのスワープ等は視床下部の視交叉上核（SCN）という神経核に性的二型性があることを明らかにしました。

続いて、メスの性行動と摂食行動を調節する中枢を調べてみます。それは、腹内側核（VMH）と呼ばれる神経細胞が密に集まった部位の中にあり、この神経核は視床下部内の下垂体の近くで、脳室に近い部分にあります。動物でこの部位を破壊すると、食物が得られる限り食べ続け、極端な肥満になってしまいます。逆に、電気刺激すると、充分に食べなくても摂食を中止してしまいます。この中枢は、主として食事中に摂取される炭水化物が消化されてできるブドウ糖によって刺激され、満腹感をつくるのです。

ラットでは、この腹内側核の神経細胞の大きさには性差があり、また細胞集団としての神経核自体、オスの方がメスより大きい性的二型核であることが知られています。この神経核は、メスのラットの性行動を積極的にするのに必須の部位でもあるのに、オスのラットでは性行動での役割が不明という性的二型機能をもつ有名な部位です。

もちろん、エストロゲンに対する受容体を持つ神経細胞がたくさんあります。エストロゲンが摂食量を抑制する作用は、動物実験の結果から、満腹中枢に働くことによって起こると考えられています。たとえば、卵巣を摘除したメスのラットの腹内側核に直接エストラジオール（最も強い女性ホルモン）の結晶を植え込むと、摂食が抑制されます。これは、ヒトでも同じことが観察されます。女子は思春期になるとエストロゲンの作用によって食欲が抑えられ、少し痩せて美しくなります。結局、オスの性行動を亢進させる中枢はＭＰＡ、メスの性行動を亢進させる中枢はＶＭＨとまとめることができます。

男脳と女脳の能力のちがい

次に、成人の脳の重量について調べてみましょう。

脳重量は男女差があり、体格の違いに関係なく男性の脳が女性の脳より約百グラム重いことがわかっています。知的能力（ＩＱ）などに男女差は見られないことから、女性脳は比較的小さいが男性脳と同じ能力を発揮する、すなわちコンパクトながら効率よく働く脳であるといえます。

人の脳の性差の研究は、１９６４年にハーバート・ランズデールが、男性脳と女性脳には解剖学的な性差が存在すると報告してから始まりました。

その後、20年以上にわたる研究によって、男性脳の左半球は明らかに言語をつかさどっているが、女性ではそれは目立たないことが証明されました。たとえば、左半球に脳卒中を起こした男性は、言語ＩＱが平均で20％低下しますが、右半球の脳卒中ではほとんど低下しません。しかし、女性の場合、左半球に脳卒中を起こすと言語ＩＱが平均９％低下します。そして、右半球の脳卒中では言語ＩＱは11％低下するのです。つまり、男性の左半球脳は、言語にきわめて重要であるが、女性は言語のために脳の両方の半球を使っているというわけです。

１９８０年代半ばには、男性脳に明瞭に見られる機能区分（左脳は言語、右脳は空間認識）は、女性脳ではあまり明瞭ではないか、まったく見られないことが明らかになりました。男性脳では、空間移動感覚を海馬が認識するのに対して、女性脳は大脳皮質が認識します。「女性はある場所まで移動するとき、ランドマーク（たとえば建物とか看板）を手がかりに使い、男性は方位を頼りに移動する」というわけです。女性は、色々な作業をするときに「進んだ脳」である大脳皮質を使っているのに対して、男性は同じ作業をこなすのに、淡蒼球、扁桃体、海馬といった「原始的な脳」を使います。ＩＱの高い男性は、ＩＱの低い男性より、少し脳が大きいのですが、この関係は女性には見られません。すなわち、ＩＱの高い女性はＩＱの低い女性より脳が大きいとは限りません。

続いて、男女の脳の形の違いについて調べてみると、まず左右の大脳半球を連絡する脳梁の後部膨大部の形が女性の方が丸くふくらんでいるのに対して、男性ではふくらみが少なく管状をしていること、また脳梁を横断する繊維の密度が女性の方が男性より高いことがわかっています。この部分は視覚領や言語領からの左右連絡繊維が通っているところなので、視覚情報の処理の仕方が男性と女性で異なる可能性が考えられ、言語能力については女性の方が男性より優れているという報告もあります。

脳梁の他にも、前交連という左右大脳半球を連絡している繊維の束が、女性の方が男性より太いことが知られています。前交連は、情動反応に関する扁桃体を中心とする大脳辺縁系の情報の左右連絡を受け持っているところなので、女性が男性に比べて感情的に細やかなのは、そのためなのかもしれません。

また、視床間橋と呼ばれる左右の視床を橋状に結ぶ構造も女性の方が男性より発達しています。言語機能に関係する側頭葉後部の聴覚連合野のニューロン密度も女性の方が大きかったとの報告があります。このように、脳のかなりの部分で男女差があることがわかってきました。

■男女の視力の差

では、脳の働きにはどのような性差があるのかを見てみましょう。

女の子は生まれつき人の顔に興味をもち、男の子は生まれつき動くものに興味をもつようにできているようですが、この違いが生じるのは、男性と女性の目の構造に性差があるからです。ヒトの目の網膜には、性ホルモンの受容体が豊富にあります。また、網膜光受容細胞には桿状体と錐状体があり、桿状体と錐状体は光刺激を受けると、その神経シグナルを次の層の神経節細胞に送ります。

解剖学者エドウィン・レパート等は、男性の網膜は女性の網膜よりもかなり厚いことを発見しました。男性の網膜には主として大きく厚いM細胞が分布しているのに対し、女性の網膜は主に小さく薄いP細胞で占められています。男性の目のM細胞は網膜全体に分布していて、おもに桿状体とつながっており、基本的には単純な動き探知装置となっています。つまり、「どこに行くのか」という問いに答える働きをします。

それに対して女性の目のP細胞は、視野の中央とその周辺に集中していて、錐状体とつながっています。そして、「あれは何か」という問いに答える働きをします。すなわち、M細胞は動きと方向の情報を集め、P細胞は質感と色の情報を集めます。P細胞の集めた情報は、視床のそれ専用の部分を経由して大脳皮質内の質感と色の分析をつかさどる部位へ送られ、M細胞の情報は別の経路で大脳皮質内の物の動きをつかさどる部位へ送られます。

このように、男性と女性の物の見え方は網膜から大脳皮質にいたる経路まで、どの段階を見ても別々なのです。イエール大学のJ・アレキサンダーは、オスのサルがおもちゃの車で遊ぶのが好きなのに対し、メスのサルは人形が好きなことを発見しました。この行動の相違は、オスはM細胞優位でメスはP細胞優位であることを実証しています。

■男女の聴力の差

未熟児に対する音楽療法の効果を男女別に調べた研究があります。音楽療法を受けた女の赤ちゃんは、そうでない女の赤ちゃんより、平均9・5日早く退院しました。一方、男の赤ちゃんでは、音楽療法を受けた子もそうでない子も退院した日はまったく同じでした。つまり、音楽療法は女の子には効果的であるが、男の子にはまるで効き目がなかったのです。

この差はどこからくるのでしょう。

それは、女の赤ちゃんの方が男の赤ちゃんより耳が良く聞こえるからなのです。さまざまな研究から、女の新生児は男の新生児よりも音がよく聞こえるという証拠が得られています。男の子と女の子の新生児350人を調査した結果、女の子の聴覚は男の子よりはるかにすぐれていて、とりわけ話し言葉の識別に重要な1000から4000ヘルツの範囲の音には敏感であることが報告されています。他の研究でも、10代の少女は同年代の少年に比べて音がよく聞こえることが証明されています。

■男女のストレスに対する差

近頃の子供は柔らかな食べ物ばかり好んで食べ、堅いものを食べないので、あごの発達が悪くなる。また、食べ物を噛む刺激は三叉神経を通って脳に伝わり、脳に良い刺激になるのだから、もっと歯ごたえのある堅いものを食べさせる必要がある、と考えられていた時期がありました。

そこで、横浜市大医学部口腔外科教室員等が、ラットを使って実験してみました。ラットを2つのグループに分けて、1つのグループには離乳時から堅い固形飼料で飼育し、もう1つのグループにはそれをつぶして粉状にした柔らかい飼料で飼育して、それぞれのグループのオス、メスの脳機能にどのような影響がでるかを調べたのです。脳機能の判定については、放射状の迷路にチーズを置いて、そのチーズの迷路をすべて間違いなく回ることが5日間続けてできたら学習成立としました。

当然、柔らかい飼料で育てられたラットは脳の発達が遅れるだろうと予測されたのですが、結果は意外にも学習成立までの日数は、オスのラットでは、堅い飼料で育ったものも柔らかい飼料で育ったものも約10日間で、差はありませんでした。

ところが、堅い飼料で育ったメスのラットの学習成立は、予想に反して著しく遅れ、約15日を要しました。柔らかい飼料で育てたメスは、オスと同じ約10日で学習が成立しました。

このように、餌の堅さ、柔らかさは、オスのラットには何の影響も及ぼしませんが、メスのラットには強い影響を及ぼすことがわかったのです。しかも、当初、脳を刺激するので発育に有用だと思われた堅い餌は、案に相違して、メスに対しては逆に悪影響を及ぼすことがわかりました。

脳は、あらゆる環境からの刺激に反応します。教育などの適当な刺激は、脳の神経回路の発達を促します。そして、この堅い餌の実験は、刺激による脳の反応に性差があることを示しています。

この実験の最後に、すべてのラットの副腎の重さを測定しました。ストレスが持続すると副腎の重量が増すことはよく知られていますが、オスのラットでは堅い飼料も柔らかい飼料も副腎重量に差はありませんでした。一方、堅い飼料で育ったメスのラットでは、柔らかい飼料で育ったものより有意に大きかったのです。つまり、堅い飼料で育てられたメスのラットは持続的に強いストレスを受けていたのです。

その後に行われた何十もの研究で、オスとメスはストレスに対する脳の反応に著しい性差があることが明らかになりました。オスは、ストレスを受けると交感神経系が反応してアドレナリンを分泌するのに対して、メスでは副交感神経系が反応してアセチルコリンを分泌します。そのため、ストレスを受けると男性が交感神経系の「スリル」を感じるのに対し、女性は副交感神経系の「不快感」「めまい」「吐き気」といった感覚が引き起こされるのです。

このように、ストレスに対する脳の反応をみると、男脳はストレスを楽しむ脳であり、女脳はストレスを不快に思う脳であるといえます。

■男女のスリルに対する差

ミズーリ大学のリゼット・ピーターソン等は、男の子と女の子のスリルに対する反応の違いを調べました。

子供たちは、固定された自転車に乗ってビデオゲームの画面に向き合います。やがていろんな障害物が現れ、時には恐ろしく危険な状態も襲ってきます。反対車線から急に対向車がはみ出してきて、正面からぶつかりそうになったりするのです。自転車には測定装置が接続されており、子供が衝突を避けるために、どのタイミングでブレーキをかけるかを測定します。

結果は、男の子は女の子よりブレーキをかけるタイミングがずっと遅かったのです。もしこれが現実だったら、男の子の多くは命にかかわる怪我を負っているでしょう。また、男の子たちは衝突しそうになるのが「おもしろかった」という声が多いのに対し、女の子たちは「怖かった」という声が圧倒的に多かったのです。

これも同じように、男脳はスリルを楽しむ脳であり、女脳はスリルを怖がる脳であることを示しています。

このように、男女の性格（たとえば男は争いが好きで女は優しい）の違いが、脳の構造の差や外界からの刺激に対するホルモン分泌の差によることなどが科学的に解明されつつあります。

間性はなぜ起こるのか

生物学的「性」は、きわめて明瞭に、画然と分かれているかに見えますが、必ずしも男女の境界線はつねに明瞭とは限りません。自然界ではオスとメスの境界は大変あやふやなものであり、種によっては容易に入れ替わってしまうこともめずらしくありません。

性分化の途中で過誤が生じたために、遺伝的な性とは異なる形態の性器を有することがあります。これらは、「間性」あるいは「半陰陽（インターセックス）」などと呼ばれます。半陰陽とは、同一個体に精巣と卵巣が存在するもので、染色体はＸＸが60％、ＸＹが30％、その両方が存在するモザイクが10％です。性腺は腹腔内から陰嚢内のいずれにも存在します。

これらの多くは、遺伝的な要因、染色体異常、発生途中のホルモン異常などによって性分化に障害が起こり、遺伝的な性と性器が矛盾した変化をしてしまったものといえます。

染色体異常は、出生児の障害や胎児死亡の主な原因となります。出産児の０・７％、死産児（自然流産）の50％は染色体異常です。また、全受胎例の約７・５％に染色体異常が見られます。精子と卵の受精の時点までさかのぼると、受精卵の約50％に何らかの染色体異常があり、妊娠が成立しないのです。

こうした数字を見ると、私たちが五体満足に生まれてくるためには、かなり微妙なバランスをクリアしなければいけないことに改めて気づかされます。

性を決定する遺伝的装置は微妙に調整されたものなので簡単に攪乱されてしまいます。性分化の障害は、受精の瞬間から１週間～２週間ぐらいの間に母体に放射線を受けたりすることが原因かもしれませんし、妊婦がある種の薬を服用したりすることによって起こるかもしれません。現在ではまだ、なぜ起こるかということはまったくわかっていません。性染色体の一方が欠けるか、または２本より多く存在したり、あるいは胎児の発達過程で母体のホルモンバランスが狂ったりすると、子供の性器や行動に異常が生じてしまいます。

性染色体は、ＸＹを持つ男児で精巣の性分化までは正常だったとしても、精巣から男性ホルモンが分泌されなかったり、分泌量が少なかったり、分泌の時期が遅かったりすると、輸管系の割れ目が開いたままになり、睾丸はあっても性器が女性形になってしまい、見かけが女性になることもあります。女児の場合でも、胎生期に男性ホルモンに曝されると、ＸＸ染色体を持ちながら、輸管系の割れ目が閉じてしまい、卵巣はあってもクリトリスがペニスのようになったり、大陰唇が肥大して睾丸のようになってしまい、見かけが男のようになる場合があります。

実際、遺伝子はＸＹと男性性染色体を持ちながら、外部生殖器官が女性的発達を示しているため、女性として育てられる男性がいます。オリンピックゲームなどで選手のセックスチェックが行われる理由も、このような実例があるからです。比較的多く見られる疾患として、副腎性器症候群、クラインフェルター症候群、ターナー症候群などがあります。

■副腎性器症候群（女性仮性半陰陽）

女性の性染色体XXを持っているのに、男性化する疾患です。通常、副腎は主にアドレナリンやコルチゾールを合成し、男性ホルモンは少ししかつくりません。ところが、この場合は酵素欠損によってコルチゾールの代わりにテストステロン（男性ホルモン）が多量につくられることにより、子宮内で女の胎児が異常な高レベルの男性ホルモンにさらされてしまい、外性器が男性化し、脳も男性化します。通例、こうした女児には出生時に性器の女性化手術を施し、女の子として養育するのですが、それでも男っぽい性格を持って育つことが多いといいます。つまり、非常におてんばで、女らしい服装を嫌い、お人形さんごっこなどには無関心で、男児のような荒々しい遊びや競争を好みます。その男っぽさは胎児期の男性ホルモンの影響が大きく、男性ホルモン過多な子ほど男性的行動が強くなります。

■クラインフェルター症候群

1942年にクラインフェルター博士が発見したのでその名前がつきました。クラインフェルター症候群の個体は、余分なX染色体を1個持ったXXYの染色体異常で、発生率は0・2〜0・4％、つまり千人に対して2人〜4人生まれます。出生時に男性と判定され、男性として成長する場合が大半です。Y染色体があるため外観は男性型で、ひょろっと背が高く、平均身長は175〜180㎝です。ペニスはちゃんとあって、陰毛もちゃんと生えていますから、外見上は背の高い「イケメン」ですが、生殖器の発達が充分でなく、男性の身体特徴があまり出現しません。睾丸はまったく萎縮していて、高度の乏精子症や無精子症です。成人の睾丸は、縦が4～5㎝、横が2・5㎝、容量は約15ccですが、この患者の睾丸の大きさは、縦が1～1・5㎝、容量は1ccしかありません。

■ターナー症候群

染色体数が45で、X染色体が一つだけあり、それとペアを組むXやYの染色体がないケースで、そこから45XO（Oはゼロの意味）と名づけられました。2500回のお産に1回の割合で生まれます。ターナー症候群の個体は、顔を見ればわかります。顔が小さくて、目と口がのっぺりとして、ふくよかで、明らかに女性的な外見をしています。身長は140㎝以下と低く、歩くときは外股になります。骨格系に異常があるわけです。知能指数も高くありません。卵巣の発達も弱くて痕跡ぐらいしかなく、月経がありません。

染色体異常についてさらに調べていくと、XXXの女性、XXXXの女性、XXXYの男性、XXYの男性、XXXXYの男性がおり、この最後のグループの染色体数は49もあります。X染色体は過剰にあっても女性に悪影響は及ぼさず、XXXの女性はスーパーフィーメル（超女性）と呼ばれています。しかし、このケースは名前の割に決してスーパーではありません。女性の機能はむしろ劣っています。思春期になっても月経がこなかったり、妊娠しにくいのです。他の人と変わらない生活を送り、過剰の染色体を持っていることにまったく気づかずに結婚して子供を生むこともありますが、精神薄弱のこともあります。

一方、XXYの人たちは解剖学的な外観は男性で、ぶざまなほど背が高い特徴があります。過剰な数のX染色体は男性の正常な精巣の発達を妨げ、不妊症にします。また、知能指数の低い人が多く、性衝動は一般的に弱いようです。

過剰な数のY染色体を持つ男性もあります。全人口の0・1%くらいの率で、母親が妊娠する際に1本余分なY染色体を偶然もらい受けてしまうのです。XYY型の男性は非常に背が高くなり、ほとんどが180cm以上に達するといいます。XYY型の男性は、刑務所や精神異常犯罪者の病院に送り込まれる率が平均よりやや高いということで、当初は、余分のY染色体が攻撃行動を強化するのだとされていました。しかし、その後大量の資料を分析した結果、XYY型の男性は、普通の男性より攻撃性が強いわけではなく、知能の点で平均よりやや劣るというものでした。XYY型の男性の拘置率がやや高いという現象は、単に彼等が、少しばかり逃げるのが下手なためだったようです。

性自認・性指向性と脳の関係

自分は男なのか女なのかを認識することを、性自認といいます。ジェンダー・アイデンティティーともいいます。そしてこの認識の障害を、性同一性障害といいます。

また、性的な関心の対象として男を選ぶのか女を選ぶのかを、性指向性といいます。これには異性愛と同性愛があります。ここでは、異性愛男性はノーマル男性、異性愛女性はノーマル女性と表記します。

性自認がノーマルな人と性同一性障害者（男性性器を持っているのに女性だと思っている人、女性性器を持っているのに男性だと思っている人）、性指向性がノーマルな人と同性愛者（ホモ・レズ）の脳にはどんな違いがあるのでしょうか。

まず、性同一性障害者について見てみましょう。

大脳の扁桃核とＭＰＡ（オスの性行動の中枢）とをつなぐ分界条床核（ＢＮＳＴ）は、ラットでは、オスの性行動や性腺刺激ホルモンの分泌など性機能に重要な働きをしている部位であり、ヒトにおいても性行動に関与していると推測される部位です。この分界条床核の容積は、ノーマル男性と同性愛男性は同じ大きさですが、ノーマル女性は44％も小さいことがわかりました。性同一性障害男性ＭＴＦ（男性から女性への性転換希望者）は、ノーマル女性よりもさらに小さかったが有意差はなかったと、前出のオランダのスワープ博士らが報告しています。

性同一性障害男性（ＭＴＦ）は、脳の発達途中で男性ホルモン・アンドロゲンシャワーが不充分なため、分界条床核が男性型に形成されなかったことにより引き起こされる障害であることが示唆されます。

続いて、カナダのザヴィア大学のＤ・ヴォイヤー博士等が、性同一性障害男性（ＭＴＦ）とノーマル男性とでホルモン分泌の様子を比べて報告しました。女性ホルモンの一種である黄体ホルモン放出ホルモン（ＬＨＲＨ）は、黄体ホルモン（ＬＨ）の放出を促すホルモンです。このホルモンは、男性にも若干はありますが、主に排卵の調節を行っているので、女性はより多く分泌されます。また、ホルモンに対する反応性も女性のほうが男性より高くなっています。

このＬＨＲＨを注射して、放出されたＬＨの量を前述の２つのグループで測定すると、つねに性同一性障害男性（ＭＴＦ）がノーマル男性を上回ることがわかりました。つまり、これらの男性は、脳下垂体系―視床下部の働きが女性型にシフトしているのです。

次に、性指向性異常者＝同性愛者について見てみましょう。

視床下部内側視索前野の神経核（ＩＮＡＨ－３）は性的二型核（ＳＤＮ）であり、男性は女性より大きいことが知られていますが、米国ソーク研究所のルベイ教授の報告によると、同性愛男性はノーマル男性より小さく、女性とほぼ同じ大きさであったということです。女性に性衝動を感じない同性愛男性（ホモ）は、この神経核が未発達なために女性型になるのだろうと思われます。

一方、オランダグループは、性的二型核はＩＮＡＨ－１であって、男性は女性より大きく、ノーマル男性と同性愛男性（ホモ）との間では差はなかったが、性同一性障害男性（ＭＴＦ）は女性と同じ大きさであったと報告しており、両グループの結果は必ずしも一致していません。

次に、視床下部の視交叉上核（ＳＣＮ）については、女性の方が男性より発達しています。オランダグループは、同性愛男性の視交叉上核がノーマル男性より大型で、女性型を示すことを報告しています。視交叉上核は、生後16ヶ月あたりで細胞数がピークに達し、その後は減少し始め、成人ではピーク時の35％程度に落ち込みます。つまり、視交叉上核は、一度つくられた余分な細胞が死滅し、最終的な姿ができあがるのです。

同性愛成人男性の視交叉上核の細胞数はピーク時の乳児に見られる数と一致するのです。細胞のこのような過剰生産と、それに続く除去の過程は、成体の発達の基本的な姿であり、「プログラム細胞死」の名で知られています。同性愛男性では、この細胞死がプログラム通りに進行しないため、大型の視交叉上核がつくられるのだというのが、スワープ博士等の説です。

前出のＵＣＬＡのゴースキー教授等によれば、同性愛男性の前交連はノーマル男性より大きく、さらに女性より大きいそうです。前交連は女性の方が男性より大きいといわれるので、同性愛男性は女性サイズの前交連を持っていることになります。

女性の性周期でのエストロゲン分泌は女性の脳下垂体に働き、黄体ホルモン（ＬＨ）の分泌を促します。ノーマル男性にエストロゲンを注射しても、目に見える変化は起こりません。ところが、同性愛男性にエストロゲンを注射すると、その半数で女性と同じLHの分泌が増大したという報告があります。前述の性同一性障害男性（MTF）に見られたのと同じ変化が、同性愛男性の脳下垂体にも起こっているということです。

以上をまとめると、性同一性障害者男性（MTF）は、臨界期までの間に男性ホルモンであるアンドロゲンシャワーの不足が原因で分界条床核（BNST）が女性型になったために起こる障害といえます。男性同性愛者（ホモ）は、同じ原因で性的二型核（SDN）および視交叉上核（SCN）が女性型になったために起こります。これを一言でいえば、女性に対して性衝動を感じない同性愛男性の脳も、女性になりたい性同一性障害男性（MTF）の脳も、女性の脳に近いということです。

このようなことから、性同一性障害者も性指向性異常者も、本人が生まれた後の環境や教育によるものではなく、遺伝的な要因や母親の妊娠中の出来事の方が強い影響を持つと考えられます。

それを証明するものとして、次のような例があります。

ドイツのフンボルト大学のG・デルナー教授は、1944年から45年にドイツで生まれた男性に、他の世代の倍にも及ぶ男性同性愛者（ホモ）がいることを見つけました。この時代は第二次世界大戦中から大戦直後であり、ドイツ本土が悲惨な状態にあった時です。その中で、妊婦は想像を絶する強いストレスを受けたであろうと思われます。教授は、戦争によるストレスの影響によって、男児を妊娠中の母親が男性ホルモン分泌低下を起こしたため、男性同性愛者が多く生まれたのだと推論しています。

女性同性愛者（レズ）については、Ｈ・Ｆ・Ｌ・マイヤー・パールバーグ等は、流産防止のため妊婦に投与される合成女性ホルモン剤が、女児胎児脳に過剰なエストロゲン暴露を引き起こして脳の性分化に影響を及ぼし、女性同性愛者になると報告しています。

しかし現状では、性同一性障害者や同性愛者に対して、そんなことは個人の趣味の問題だろうとしか理解されていません。その結果、何かと色眼鏡で見られる傾向があります。

性同一性障害とは、母親が妊娠中に何らかの原因で性ホルモン分泌に異常をきたし、それが胎児の脳に影響して引き起こされる先天性の病気です。見かけは女性なのに、自分の中には男が存在している人（ＦＴＭ）、また、見かけは男なのに、自分では女だと思っている人（ＭＴＦ）たちです。

私のクリニックには、このような患者さんがよく来院します。彼らの一番の悩みは、体つきが本当の自分の性ではないことと、生殖器が本当の自分の性に合致していないことです。この悩みは深刻です。性転換手術を受けて本当の自分の性と一致した肉体を得たいという願望が強く、費用を捻出してその手術を受けるのですが、この治療は健康保険の対象になっていないのです。

このように、先天性の病気でありながら健康保険の対象になっていないこと自体不思議なことであるのに、その上、国内でこの治療を行っている医療機関は数が少なく、費用も高額なため、患者さんたちは手術代が安いタイまで行って手術を受けています。

しかし、手術の結果が必ずしも満足できるものばかりではありません。私のクリニックで、あるＦＴＭの患者さんの両方の前腕にビーチサンダル大のケロイドがあるのを見つけ、どうしたのかと尋ねたところ、前腕の皮膚を使ってペニスの形成手術を受けたが、失敗したため再度手術を受けたとのことでした。

あちらでの手術の技術は必ずしも高度とは言えない場合があるようです。日本には優れた医療技術があるのに、わざわざ飛行機代を使ってタイで手術を受けている現状をこの分野の専門家の人たちに認識していただき、早急に法制度の改正を期待します。

第2章

ヒトの家族の誕生

宇宙ができてから１４０億年、地球が誕生してから45億年、地球上に生命が芽生えてから35億年、霊長類が誕生してから３２００万年、その共通の祖先からヒトの祖先が分岐したのは６００~７００万年前、といったところでしょうか。

ヒトの祖先が2本足で歩くようになったのは、５００~２５０万年前頃です。直立二足歩行することで脳がどんどん大きくなってきたのが２５０~１６０万年前頃で、ヒトの脳容量が現代人並みになるのは60万年前です。ヒトが言葉を使用するようになったのは5万年前以降です。

農耕や牧畜といった生業様式は、たかだか1万年前に始まったものです。人類の誕生を７００万年前とすると、実に99％以上の期間を狩猟採集によって生きてきたことになります。

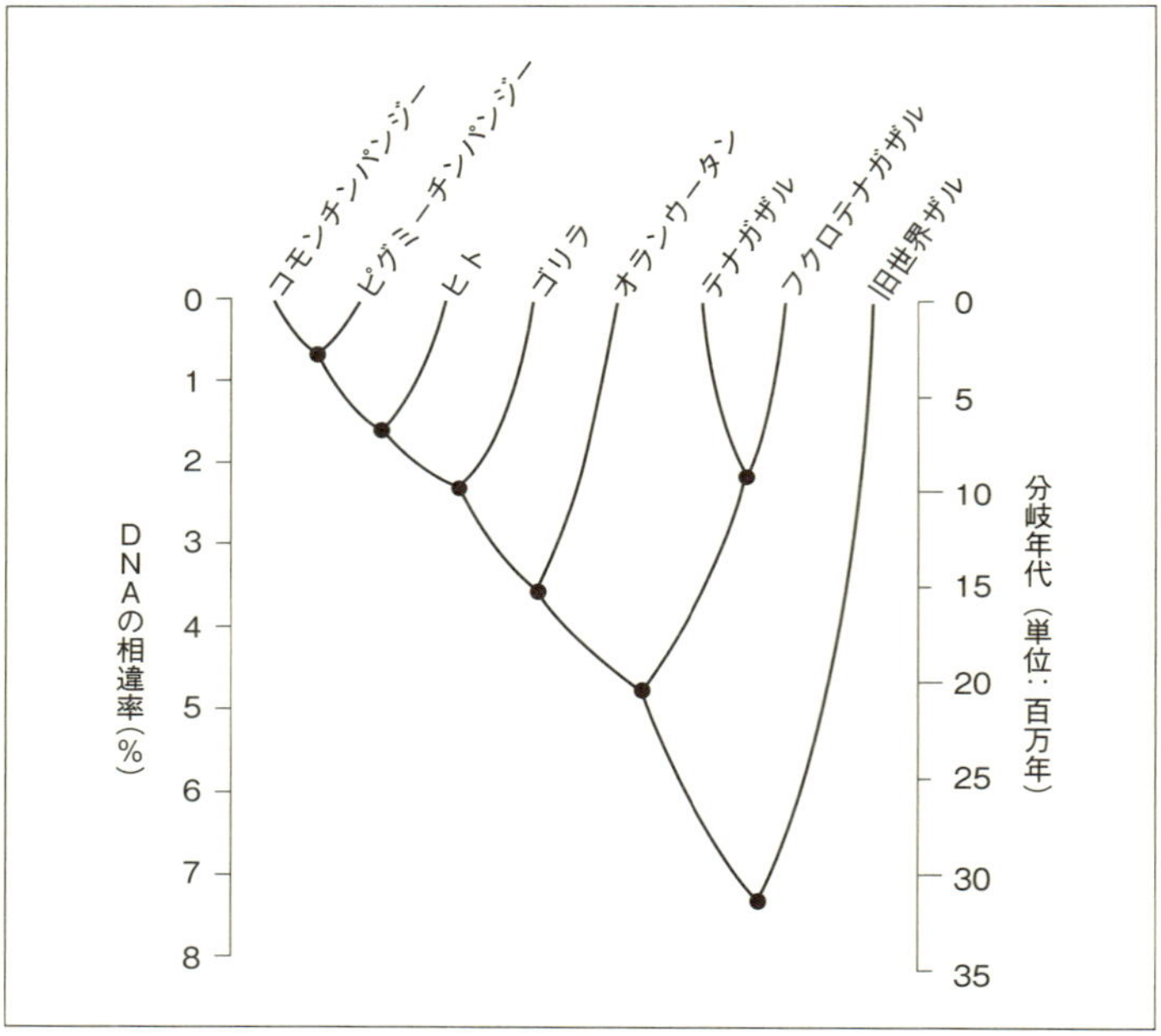

高等霊長類の系統樹

（J・ダイアモンド『人間はどこまでチンパンジーか』より）

近年の生化学と分子生物学の成果によって、人類はゴリラよりもチンパンジーやボノボ（アフリカの類人猿）に近いことがわかりました。ＤＮＡの塩基配列を調べると、ゴリラとは１・４％、チンパンジーとは１・２％しか違いがありません。それは、ヨーロッパ白人とアフリカ黒人と黄色日本人といった人種間の遺伝的距離に比べて、せいぜい25～60倍くらいにしか当たらないのです。すなわち、私たち現代人はゴリラやチンパンジーの持つ生物学的特徴のほとんどを背負ったままなのです。

■直立二足歩行

ヒトは直立二足歩行するようになったために骨盤の形態が変わり、産道が曲がってお産に大きな負荷がかかるようになりました。加えて、胎児の脳容量が増加したため、ますます難産になりました。ゴリラやチンパンジーはお産で死ぬことはめったにありませんが、近代医学が発達する前は、女性はよくお産で死亡したのです。

ゴリラの場合、90kgの母親が２kgの赤ん坊を産むのに対し、ヒトでは45kgのお母さんが３kgもの赤ちゃんを産むのですから、難産なのは当然といえます。

そこで、ヒトは胎児の脳がしっかり成長してからではお産がより難しくなるので、まだ成長途中の小さな脳容量のうちに出産するようになったと思われます。ですから、生まれてきた子供はまったく頼りなく、一人で母親の体につかまることすらできません。おまけに授乳期間が長く、やっと離乳が終わったとしても、とても一人立ちできるものではありません。

かといって、そうした未熟な赤ん坊を母親が独力で一人前に育て上げるのは、栄養面でも外敵からの防御の面でも非常に大きな負担です。どうしても何らかの養育援助が必要であっただろうと考えられます。人類進化の中で父親が子育てに参加するようになり、核家族的な男女の絆が生まれたのは、おそらくこの時代だったと思われます。

人類の家族形成の促進に、オーウエン・ラブジョイは食物運搬説を唱えます。自立できない子供を抱えた母親は負担が大きく、まして、寒冷、乾燥の気候のもとで食物を探して長い距離を歩くのは大変だったはずです。そこで、これらの母親と子供に食物を運搬する男が登場します。ただし、男はどんな母子にでも食物を持ってくるわけではありません。自分の子供と確信できれば、食物を運搬するのです。男たちは自分の子供を持つために、特定の女と持続的な配偶関係を結ぶようになりました。直立二足歩行は手で食物を運ぶことを促し、男と特定の母子の絆を深めたはずです。つまり、直立二足歩行が家族の形成を促したというわけです。

この説に対して、アメリカの霊長類学者のスマッツは、別の説を唱えます。現代の未開人種の狩猟採集民（熱帯雨林に住むピグミー族や砂漠に住むブッシュマン族）の生活を見ると、女性は出産の直前まで普通に働いています。出産後の母親は少し休む程度で、すぐにまた元通りに働き始めます。赤ん坊は母親の体に巻きつけた布でくるんで、母親がどこに行くにも運ばれていきます。つまり、妊娠中も出産後も、女性はたくましく普段と同じように働くことができるのです。ですから、ヒトのペア結合が生じたのは、子育てに手がかかるためではなく、女性が他の男性の暴力から身を守るためであるというのです。女性が一人でいると不特定多数の男性の性的興味の対象になり、強姦や子殺しに遭う確率が高くなるので、そのような危険から身を守るために、特定の男性と関係を結ぶようになったというのです。

その証拠として、スマッツ等は、ヒトと近縁な霊長類全体において、メスの性行動をコントロールするために、オスがメスに対して暴力をふるうことがしばしば見られることを観察しています。また、メスを巡ってのオス同士の争いに負けた若いオスのオランウータンが、発情していないメスを強姦することがあることも観察しました。いずれにしても、男性は女性を守るためにペアになったということです。

■ヒトの社会形成

直立二足歩行を覚えたヒトには、仲間同士で食料を集めて母子のところへ運び、分配するという行動が芽生えました。霊長類とヒトの間での、食物を分配する方法の決定的な違いは、ヒトは（1）食物をその場で食べずに持ち帰る（2）集めた食物を取り決めに従って分配する（3）食事が社会交渉としての機能を持つ、ということです。ヒト以外の霊長類は、単独で食物を探し、得られた食物はその場で食べてしまいます。仲間同士で食べることはしません。

このようにして、キャンプ地で食事をするヒトの共同生活が始まりました。安全なキャンプ地が定まれば、食物を見つけた先で肉食獣におびえながら食べたり分配したりする必要がなくなり、食物はキャンプ地で分配され、食物の採集活動に参加しなかった者も食物にありつけるようになります。その結果、キャンプ地を共有する仲間のあいだに分業が起こります。互いに異なる食物を採集したり、道具をつくったり、育児に専念したり、キャンプ地の維持に当たる者などが現れます。やがて肉食が加わると、男たちは集団を組んで狩猟に出かけ、女たちはキャンプ地の近くで採集活動や育児を行うというような男女の分業が顕在化していきます。

こうして生まれた家族内、家族間の絆は、食物の共有によって強められました。ヒトは常に仲間と食事を共にします。自分一人で食べられるものも、わざわざ仲間と分け合おうとするし、仲間と一緒に食べるために食物を集めに行きます。本来、争いのもとになるはずの食物を、なぜ親しい仲間との社会交渉に使うのか、ヒト以外の霊長類にとってはとても不思議なことです。

これは霊長類が行なう採食場所を譲渡したり食物を分配したりする行動特性が、ヒトにのみ独自に発展した現象です。現在、世界中のどの社会を見渡しても、人間が一人で食事をすることが原則になっている社会はありません。食事は社会的な場であり、親睦を深める交渉であり、互いの絆を確認し合う手段です。

人類は、チンパンジーとボノボに共通した父系的（※6）な血縁関係にある男同士の連帯意識をある程度発達させた後に、彼らとの共通祖先から分岐したにちがいありません。オス同士の連帯関係はゴリラには希薄で、チンパンジーやボノボに特有なものだからです。人類社会の特徴は、ゴリラの持つ父性とチンパンジーやボノボの持つ男の連帯を矛盾なく融合させた点にあります。

※6　父系的＝家系が父方の系統によって継承されること

■ヒトの家族の形成

人間の社会は、もともと特定の男女がつねに同居するような閉鎖的集団ではなかったと思われます。むしろ、なわばりを解消して同性同士の連帯を強め、個人がいくつもの集団に属せるような可塑的な社会を目指していたのです。そのため、父性は、約束あるいは契約によって保証されなければなりませんでした。

やがて父性は配偶者間の認知から集団全体の認知へと発展し、父親を介して世代は構造化されました。世代は横の広がりをつくり、インセストの禁止（※７）は縦の広がりをつくりました。そしてこれらは集団の規則として徹底され、親族と、群れの外から結婚相手を見つける「外婚」の枠組みが形成され、家族が登場することになりました。

家族が人間社会を特徴づけるものであること、それがインセストの禁止によって成立していることを論じたのは、19世紀の人類学者たちでした。１８８７年に『古代社会』を著したルイス・モルガンによると、人類は親子兄弟の区別なく性行為を営む原始乱婚の状態から進化し、やがて親子間、兄弟姉妹間でインセストを禁止するようになり、現在の核家族のように、性交渉を夫婦に限定するような親族組織が完成したといいます。そして異性の親子間のインセスト

※7　インセストの禁止＝近親相姦の禁止

を禁止し、アダルトリーを禁止（※8）し、性的関係は配偶者間のみとすることを基本単位としました。

こうした取り決めにより、真に人間的な愛を芽生えさせる土壌ができあがったのです。日常的な食物の分配は配偶者間および親子間でなされ、性交渉は性愛に、親子の交渉は親子愛へと変容し、互いに思いやり慰めあう家族としての感情が発達したのです。

文化人類学者の今西錦司は、人間の家族が成立する条件は、（1）インセスト・タブー（2）外婚制（3）男女の分業（4）近隣関係であると唱えています。

この説は、レヴィ・ストロースやマードックなど同時代の社会人類学者たちの説とよく似ています。すなわち、人間はインセスト・タブーという制度をつくったことにより、複数の家族が集まって近隣関係をつくり、地域社会を形成したのです。親子以外の血縁者にまで性交渉や結婚を禁じなければ、こうした複数の家族が共存できる社会はできなかったに違いありません。人間は、哺乳類としては初めて、集団生活とペア生活が両立できるような社会をつくったのです。

霊長類を見てみると、ニホンザルでは父親と娘が交尾することはしばしば見られます。ニホ

※8　アダルトリーの禁止＝性的に成熟した同性同士が互いの配偶関係を認め合い、異性の相手を重複しないこと

ンザルの母親と息子の母系的（※９）な血縁間では交尾は起こりませんが、父系的な血縁はほとんど認知されていないのです。バーバリマカクも同様に、母系的血縁間では四親等以内での交尾は回避されていますが、父系の血縁間ではまったく回避されていません。また、テナガザルやゴリラの社会に兄弟姉妹間の性交渉がよく見られることからも、インセスト・タブーは生物学的根拠に基づいているものではないことは明らかです。

このように、霊長類では、血縁関係を認知したインセスト・タブーは起こりません。しかし、クエスター等は、バーバリマカクの生まれたばかりの赤ん坊をオスのバーバリマカクが熱心に世話をする行動があることを発見しています。こうして世話をした赤ん坊が思春期を迎えて発情しても、このオスとは交尾をしないことを報告しました。高畑由起夫は、ニホンザルでも同様の現象を報告しています。

このように、幼いとき親しい関係で育ったオス、メス同士は、成長しても交尾を回避するようになります。この傾向は人間でも同様です。

レヴィ・ストロースや原ひろ子は、インセスト・タブーが父母とその子供、また父母を共にする兄弟姉妹の間で普遍的に守られていることが人類社会を特徴づけているのだといいます。インセスト・タブーは、人類以外の霊長類では稀な現象であり、それ故に人類を他の動物から

※９　母系的＝家系が母方の系統によって継承されること

一段高い地位に置く根拠になる現象といえるのでしょう。

人間の家族では、夫婦間だけに性行為が限定され、他の異性間では禁制とされます。そのことによって、親子や兄弟姉妹は性をめぐる葛藤を高めることなく共存できるのです。母親と息子、父親と娘、兄弟姉妹は異性でありながら、性行為をする間柄ではありません。そのために、家族の誰かが他の家族の誰かと性的に結ばれても、それぞれ家族の絆は切れることなく、家族間に性的葛藤が起こることもありません。だからこそ、家族同士は連合することができるのです。

マードックは、人類の社会生活の基礎となる４つの機能として、性・経済・生殖・教育をあげ、この機能を果たしうる最小の社会単位は家族以外にないことを強調しました。

ヒトの赤ん坊は、離乳が終わってからも食物のすべてを両親が持ってきてくれるものに頼っていますが、霊長類は、離乳後は自分で自分の餌を見つけます。ヒトは、母親だけでなく父親も子育てに深く関与しますが、霊長類では母親だけが世話をします。ヒトは、高密度の繁殖コロニーの中で一夫一妻というカップルをつくって暮らしていますが、霊長類や他の多くの哺乳類は違います。

こうした違いは、ヒトは脳が大きいことと同様に、ヒトの子供の生存と教育にとって重要です。なぜなら、ヒトは食物を獲得するのにいろいろな道具に依存しているからです。人間の子供は離乳してもすぐにはそのような道具を使えないので、自分で食物を取ることができません。そのため、子供は長い間食物を与えてもらい、教育を受け、保護してもらわねばなりません。ヒトの母親は、子供に対して霊長類の母親よりずっと大きな投資（子に対する世話）をします。ヒトの父親は、自分の子供が生き延びて成人することを望むならば、つれあいを助け子育てに協力することが必要なのです。

■祖母仮説

そこで、人類学者ホークスは「祖母仮説」を提唱しました。人類の女性は、閉経によって自分の出産を早く終わらせることで、若い世代の子育てを支援するのだというものです。高齢になると出産の危険性が増大するし、生存力の低い子供が生まれる確率も増すので、それならば自分の子作りは諦めて、孫の成長に手を貸すことに専念することにしたのです。そのために閉経が早まり、閉経後の寿命が長くなるような淘汰圧がかかる可能性は充分にあると考えられます。

母親が成長の遅い幼児を何人も抱えることができたのは、祖母の援助があったからできたことかもしれません。人間は、生まれて間もない赤ん坊を他人に託すという特徴を持っています。類人猿はどの種のメスも、生後1年間は母親が赤ん坊を手放すことはめったにありません。人間の母親は近親者に子育てを任せられる手段があるため、成長の遅い子供を立て続けに産む不思議な生活史を進化させることができたのです。その頼もしい担い手は閉経した女性

（おばあちゃん）だったに違いないとホークスはいいます。

一方、ロジャー・ショートは、母親の死によって一番下の子供が不利を被らないように、母親の死期が近づくかなり前に閉経が起こり、子を産めなくなることは理にかなっていると述べています。

■配偶者防衛

ところで、狩猟採集民の父親は、子供に食物を持ってきてやるだけでなく、たくさんのことを教えます。ヒトの食物獲得のためには社会組織が必要で、その社会の中で男と女は長期にわたってペアの関係を維持し、子供の世話をします。そうしなければ子供が生き残れない可能性が高く、父親は自分の遺伝子を伝えることができません。オランウータンのように、交尾の後、父親がいなくなってしまうようなシステムはヒトでは通用しません。

また、チンパンジーのように、1頭の発情メスが何頭ものオスと順番に交尾をするというシステムも、ヒトではうまくいきません。このシステムでは、チンパンジーの父親は群れの中の子供たちのうち、どれが自分の子供かの区別がつきませんが、チンパンジーの父親にとっては、それはたいした問題ではありません。なぜなら、チンパンジーの父親は自分の子供に対してほとんど世話をしないからです。

大方の哺乳類のオスは、卵子に受精したあと、子供の成長にも生存にもほとんど何の貢献もしません。メスの繁殖努力の大部分が子育てに集中しているのに対し、オスは繁殖努力の大部分を、メスとの遭遇機会をめぐる競争や地位をめぐる競争、そしてメスに対する求愛に費やします。

しかしながらごく少数の哺乳類では、オスとメスとが共同して保育にあたります。ヒトはそのような種の一つです。ところが哺乳類の父親は、父親としての投資（子に対する世話）をしようとするときに、母親にはない深刻な問題に直面します。それは、父性の不確実さです。ほとんどの哺乳類の父親が親の投資を完全にやめてしまっているのは、そのせいだと考えられます。

メスにとっては、生まれた子が自分の子であることは１００％確実ですが、オスの場合は、パートナーが産んだ子が自分の子かどうかは不確実なのです。故にオスは、パートナーのメスを他のオスから遠ざけるようにメスの行動をコントロールしようとします。動物のオスのメスに対するこの行動を「配偶者防衛」と呼びます。オスが配偶者防衛を行う進化的理由は、父性の確実さを増すことにあります。配偶相手からライバルを隔離しようとするこの傾向は、類人猿からネズミまでの哺乳類を含む、数え切れないほど多くの動物で見られることです。

ヒトの場合は、父親は自分の子供に相当の投資をしますから、母親がこっそり他の男の精子を受け入れたために他の男の子供を育てるようなことになっては大変な損失なので、父親は母親に対して排他的性関係（配偶者防衛）をつくって、自分の子供だという確信が持てるようにします。そこでヒトは、自分の子供である確率を高めるように、さまざまな複雑な心理的傾向や行動を示します。このような感情的複合体を「男性の性的嫉妬」といいますが、「男性の性的独占欲」の方が適切な言葉でしょう。それは、男性が女性の行動をコントロールしようとする執拗な態度に現れます。また、それを維持するために女性に対して脅しや暴力を振るうことにもつながります。

人類の男性による女性の従属化の究極的な原因は、この配偶者防衛です。男性の持っている配偶者防衛の遺伝子による行動が、女性を抑圧するというマイナス面に働いてしまったのが男性による女性支配の歴史といえます。

男と女の性的な特徴

■性的二型

成人男性は、成人女性よりも少し体が大きいのが一般的です。平均で8％背が高く、20％体重が重くできています。この雌雄の体格のちがいを性的二型（※10）と呼びます。これは、人類が少しばかり一夫多妻に属する種ということを示します。

また、群れにおける1頭のオスあたりのメスの頭数を社会性比といいます。一夫多妻の動物の間では、性的二型が大きくなるほど、平均ハーレムサイズが大きくなります（社会性比が大きくなる）。たとえば、一夫一妻のテナガザルではオスとメスのからだの大きさは同じですが、3〜6頭のメスからなるハーレムサイズを持つゴリラのオスは、メスの2倍の大きさがあり、平均ハーレムサイズが48頭であるゾウアザラシでは、オスが体重2700kgもあるのに対し、メスは320kgほどしかありません。

一夫一妻の社会では、どのオスも一頭のメスを獲得することができるのに対し、一夫多妻の社会では、少数の有力なオスがたくさんのメスを自分のハーレムに囲い込んでしまうので、その他の多くのはぐれオスは、つれあいを持てないことになります。そこで、ハーレムサイズが

※10　性的二型＝体格がオスがメスより大きいこと。一夫多妻の種に現れる特徴

大きい種ほど、メスを獲得するためにオス同士で争う雄間競争（※11）が激しくなり、オスは闘いに有利になるように体が大きくなります。

社会性比とオスの大脳新皮質の大きさの関係を調べると、強い相関が見つかりました。性競争が激しいほど、大脳新皮質がよく発達するのです。大脳新皮質の主要な進化要因として、食性、社会関係、性競争があげられます。食性、社会関係、性競争によって脳は発達し、より発達した脳によって、より発達した食性、社会関係、性競争が生まれ、脳はさらに一層発達するという、正のフィードバックが起こるわけです。

■精子間競争

精子間競争は、メスが受精可能な時期に、複数のオスと配偶する可能性があるときに生じます。どのオスの精子が卵子に受精するかという競争です。ヒトを含む哺乳類における精子間競争は、メスの生殖管の中で複数のオス由来の精子が混合してしまった状況で起きることになります。どの精子が受精するかは確率の問題となり、相対的に多くの精子を放出したオスが有利になります。その結果、精子間競争が強い種類ほど、オスの精子生産力が高くなってきます。精子生産力とは、体重に対する相対的な精巣の大きさを計算したものです。

※11　雄間競争＝メスを獲得するためのオス同士の闘い

ヒトの男性の精巣（睾丸）の平均重量は約41gです。体重２００kgのゴリラの精巣はヒトよりやや小さいのです。しかし体重45kgしかないチンパンジーの精巣は１１０gもあります。

英国の人類学者たちは、33種類の霊長類の精巣重量を測定して次のような傾向を見つけました。より頻繁に交尾をする種ほど大きな精巣を持っていること、乱婚的で、1頭のメスが短い間隔で数頭のオスと交尾をする種では、とくに精巣のサイズが大きいことです。

その理由は、乱婚の場合、最も多くの精液を注入したオスが、自分の子孫を残す確率が最も高くなるからです。ヒトは、しばしば楽しみのためにセックスをするので、繁殖時のみしか交尾をしないゴリラより大きく、おおよそは一夫一妻を保っているので、乱婚のチンパンジーの精巣よりは小さいということになります。

ヒトの精子間競争は霊長類全体の中では高くはありませんが、典型的な一夫一妻や一夫多妻の霊長類の中では比較的高い方であるといえます。つまり、ヒトの女性はある程度複数の男性を受け入れたということになります。

チンパンジーやボノボのメスは発情期にお尻の性皮を紅潮させます。ゴリラのメスもわずかにその傾向が見られますが、オランウータンには見られません。

人間の性行動の特徴として、人間の女性には発情期という期間がなく、一年中男性を受け入れることができます。そこで人間は繁殖目的だけでなく、パートナーとの絆を深めるとか、楽しみでセックスをするようになったのです。そのために、乱婚のチンパンジーほどではないに

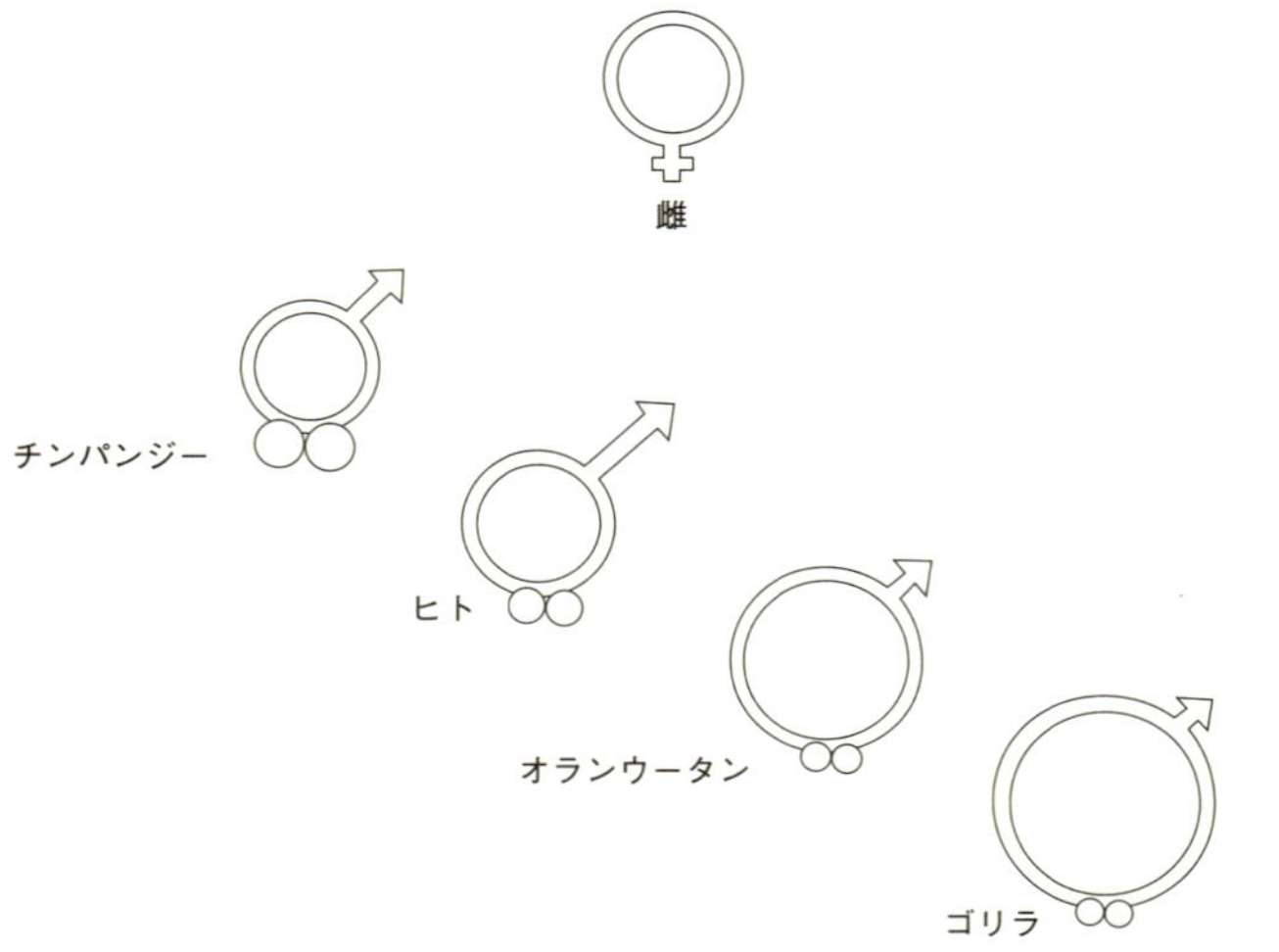

メスから見たオスのからだ

（J・ダイアモンド『人間はどこまでチンパンジーか』より）

しても、ゴリラやオランウータンのように繁殖時のみしか交尾をしない種に比べ、精巣が大きくなったと考えることもできると思います。

■ペニス

ペニスの長さについては、未だ解明されない謎だらけです。勃起したペニスの平均長は、ゴリラ約３・２cm、オランウータン約３・８cm、チンパンジー約７・６cm、ヒト約12・７cmです。見た目も目立ち具合も、この順序です。ゴリラのペニスは黒いので、勃起していてもまったく目立ちませんが、チンパンジーのペニスはピンクなのでよく目立ちます。

ヒトの男性は、なぜ他の霊長類と比べてひときわ大きく、またよく目立つペニスを持っているのでしょうか？　他の類人猿はもっと小さなペニスで、十分に自分の子孫を増やす役目を果たしているのです。

ヒトの性交時間（アメリカ人を例とする）は平均4分で、ゴリラ1分、ピグミーチンパンジー15秒、コモンチンパンジー7秒よりも長いですが、オランウータン15分よりは短いですし、12時間にも及ぶフクロネズミの交尾に比べれば、一瞬のできごとといえます。

ヒトのペニスが大きいのは、どうやら同じ男性に見せるためのもののようです。大きなペニスが、他の男性に対する威圧や、地位の誇示といった役目を持っていることは明らかになっています。非常に多くの男性が、自分のペニスの大きさに対して強い懸念を持っているのは周知のことです。男性が自分のペニスを設計することができるとしたら、ヒトのペニスがどのくらいの大きさになるか想像がつくでしょう。それはきっと、ニューギニアの原住民男性が着物の一部として使用しているペニスサック（長さ最高60cm、直径最高10cm）に似たものになるでしょう。

■性行動

ヒトの社会システムは、類人猿から見ればひどく変わったものであるし、哺乳類一般から見ても非常にユニークなものだということになります。

オランウータンは、通常1頭で暮らしています。テナガザルは、オスとメスが一夫一妻のペアをつくって、ペア同士は互いに離れて暮らしています。ゴリラはオスが一頭とメスが数頭からなる、一夫多妻のハーレムをつくっています。チンパンジーやボノボはバラバラに暮らしているオスとメスのグループからなる、乱婚的な社会をつくっています。

私たちの社会は、たくさんの男と女が一緒になった集団でできており、ライオンやオオカミの社会に似ています。ただし、ライオンやオオカミは乱婚ですが、私たちはその社会の中で男女がペアをつくっています。このような人間社会に一番近いのは、オスとメスがペアをつくりつつコロニーで繁殖するカモメやペンギンなどの海鳥の仲間でしょう。

乱婚であろうと、一夫一妻であろうと、すべての動物は、他の個体の前で普通に交尾をします。カモメの夫婦はコロニーのまん中で交尾しますし、サルやチンパンジーは優位のオスがみんなの前でその力を誇示するかのように、発情したメスを相手に交尾をします。

ヒトはどうして、他の人から隠れてセックスするのでしょう?

性行為が繁殖ということだけのためなら、数秒間のマウンティングによってはるかに経済的に達成されるはずです。

一般的にいって、進化の結果、雌雄が持続的な絆を示すようになった種は、同時に複雑な求愛の儀式を示すようになります。ヒトの性行為のほとんどが、男女の絆を強めるための要素になっていることは、このような一般傾向とよく合致しています。ヒトにとっては、性行為と愛情は、分離できない軌を一にしたものになっているのです。

ヒトの女性が排卵の時期を隠してしまった理由もそれで、ヒトは性行為を繁殖のためだけでなく、男女2人の絆を深める目的で行うからです。パートナー同士が頻繁に性行為を行えば、そうでない男女の間よりも絆が強まるのは明らかです。また、ヒトの女性に発情期がなく排卵が隠されたこと、人前でセックスしないことは、狩猟に出る男たちの間の協力関係を促し、お互いの攻撃性を抑制する効果のために進化したとも考えられます。発情した女性をめぐって男同士がけんかをするようでは、一致団結した狩猟はできません。

あからさまな発情とセックスは、男同士、男と女、そして女同士の連帯に影響を与え、ヒト社会の秩序を乱すことになります。それ故に、女性は発情期というものがなくなり、人前ではセックスをしなくなるように進化したと考えられます。

オスの子殺しと霊長類の繁殖

■オスの子殺し

子殺しという現象は、1965年に、インドのダルワールに生息するハヌマンラングールというサルの群れの中で、京都大学教授杉山幸丸らによって発見されました。

このサルは、普段1頭のオスと複数のメスで、一夫多妻のハーレムをつくり暮らしています。しかしハーレムに所属しないオスは、オスたちだけで集団をつくっています。あるとき、これらのオスたちが一つのハーレムをいっせいに攻撃し、それまでいたハーレムのオスリーダーを追い出して、残ったオスのうちの1頭が新しいリーダーになりました。すると、その新しいリーダーオスは乳児を抱いたメスを次々に襲い、子供をかみ殺してしまったのです。メスたちは乳児を奪われまいと抵抗しますが、オスの攻撃を止めることはできませんでした。乳児を奪われたメスたちは、約2週間もすると再び発情して、新しいリーダーオスと交尾を始めました。そして数ヶ月後、メスたちは新しいオスの子を産んだのです。

当時、同じ種の仲間を殺す行動が進化するとは考えられていなかったので、この現象は、杉山の説とともになかなか受け入れられませんでした。ですが、その後ライオンやホエザルなど、他の哺乳類や霊長類でも続々とオスによる子殺し行動が発見されるようになり、これが異常な病的行動ではないことが明らかになりました。

ハヌマンラングールのオスにとって、繁殖の唯一のチャンスはハーレムを持つことです。激しい雄間競争に成功してハーレムを乗っ取っても、すぐまた自分も新しいオスによって追い出されてしまいます。実際オスがハーレムに居続けることができるのは平均２年です。そこでオスは、その間にできるだけ急いで繁殖をしなければいけません。一方、メスは、授乳中は発情が抑えられているので、新しいオスがやってきてもすぐに交尾しません。子供が離乳するまでには約１年かかるので、離乳を待っていたのでは、オスは最長１年間メスとの交尾を待たねばならないことになります。しかし、授乳中の子供を新しいオスが殺してしまえば、授乳が強制的に終了するので、メスの発情がすぐに再開します。そこで、オスの子殺しが起こるのです。

霊長類は、哺乳類の中で最も多くの種で子殺しが見られる群です。約３００種の霊長類の中で、１割の種に子殺しが観察されています。オス同士が複数のメスと交尾をめぐって競合する状況にあると、子殺しが起こります。その状況がオスの子殺しの温床なのです。

生物学者サラ・ブラッファー・フルディイは、この子殺し行動を、オスの繁殖戦略として進化した行動であるとし、次のように定義しました。（１）他のオスの子孫を除く（２）メスの発情を早める（３）自分の子孫を確実に残す、ということです。

このように、子殺しが霊長類の社会性をつくる一つの要因だとすれば、子殺しが起こらない種はどう考えたらよいのでしょう。オスが複数のメスと暮らす種で子殺しが見られないとしたら、それは子殺しが起こらないように社会をつくっているとみなせるかもしれません。

カレル・ヴァン・シャイク等は、それに二つの方向性があると考えました。オスが子供の父性を確信できるようにする方向性と、父性を混乱させてどのオスにも父性があると思わせる方向性です。前者はオスがメスと独占的に交尾できる社会に、後者は完全な乱交社会へとつながります。すなわち、オランウータンのように単独生活やペア生活を送る種か、または、チンパンジーのように複雄複雌で完全な乱交という種には子殺しが起こらないのです。その反対に、オスがメスに対して占有志向が強いのにそれが果たせない社会型の種に子殺しが起こるのです。

新聞やTVで日常茶飯事に報道されている幼児虐待のルーツがここにあったのです。人間社会は、従来は建前上にしろ、セックスは結婚した夫婦にのみ許された行為であったのですが、40年くらい前から、結婚制度に縛られることなく男も女も自由にセックスを楽しむ風潮が起こったために、霊長類で見られるのと同じ、男による女の連れ子を殺す「子殺し」が頻発するようになったのです。これについては5章で述べることにします。

ところで、類人猿の出産は、ゴリラで4年に一度、チンパンジーで5~6年に一度、オランウータンでは7~9年に一度と、ヒトに比べるとかなり間隔が空いています。これは授乳期が長いせいです。授乳中はプロラクチン（乳汁分泌促進ホルモン）という母乳の産生を促すホルモンが分泌され、これがエストロゲン（卵胞ホルモン）の分泌を抑制して、排卵を抑制します。それに比べると、ヒトの出産間隔は2~3年であり、年子を産むことも稀ではありません。類人猿の仲間ではヒトは多産であることがわかります。これは捕食者の多い草原で子孫を残すために必要な淘汰だったのかもしれません。

生殖行動に対する性ホルモンの影響について見てみると、排卵前に増加するエストロゲンはメスの性行動の積極性を高め、メスは発情します。続いて、排卵後に黄体から分泌されるプロゲステロン（黄体ホルモン）は逆にメスの性行動を鎮めます。また、メスが子育て授乳中にはメスの脳下垂体からプロラクチンが分泌され続けるので、メスは発情しません。このように、数種類の性ホルモンが、メスの性行動を巧みにコントロールしていることがわかります。種による出産期間の長短は性ホルモンによって支配されていたのです。

■雄間競争

ゴリラの群れ同士が出会うと、異なる群れのオスが互いに胸をたたいて、ドラミングと呼ばれている示威行為をします。このドラミングで、オスたちが互いにメスの占有権を確認すれば、オス同士が闘うことはありません。しかし、このとき群れの中のメスが他の群れに移動しようという態度を示すと、群れのオスが怒って、オス同士激しい衝突が起こります。つまり、メスがどの群れに所属するのかあいまいになったとき、オス間の競合が一気に高まるのです。この、メスを獲得するためのオス同士の闘いを「雄間競争」といいます。

自然界を見渡すと、配偶相手を獲得するために闘うのはほとんどオスです。オスに特徴的なことは、他のオスに対して攻撃的なことです。繁殖期になると雄間競争は最も激しくなり、強いオスほど多数のメスを獲得して自分の子孫を多く残すことができます。そこで、オスの体には、闘いに有利になる武器のような形質が発達します。それに対して、オスを獲得するためのメス同士の競争はずっと少なく間接的なもので、闘争的ではありません。ですからメスには、そのような武器的形質を発達させる必要はないのです。

メスは、最高の遺伝子を持ったオスが見つかるまでは、あまり交尾に乗り気にならない性格の方が得なのです。子を養育しなければならない場合は、交尾のあともメスの元に留まる傾向を示しそうなオスを選ぶことも、メスにとって大変重要なことです。反対にオスは、攻撃的で、性急で、移り気で、選り好みしない性格が子孫を残すのに有利になります。

オス同士の競争は、メス同士のそれよりもずっと激しいのですが、それは、雄間競争は勝者のオスがメスを独り占めしてしまい、敗者のオスはまったくメスにありつけなくなってしまう恐れが強いからです。シカのオスは、角を突き合わせて闘い、勝った方が何頭ものメスのハーレムを占有します。ゾウアザラシのオスは、体重がメスの7倍もありますが、オス同士が海の中で牙をむきだして、血みどろになって闘います。こちらも勝てば数頭どころか何十頭ものハーレムが手に入ります。このように、配偶相手を獲得するために、オスは命をかけてオス同士で闘わねばならないのです。オスにはこの「雄間競争」があるために、メスとは非常に異なる形質を身につけるようになったというのが、1859年に出版されたダーウィンの『種の起源』による性淘汰の考えです。

一夫一妻の種の場合は、配偶チャンスはどのオスもメスも均一にあるはずなのですが、オスもメスもより良い相手をめぐって競争が起こります。したがって、数の上では競争関係が生じない場合でも、質をめぐる競争は存在します。一夫一妻で実効性比（※12）が1対1になったときには雄間競争がなくなるかというと、そんなことはないのです。

■二次性徴

クジャクのオスの美しい羽や、カナリヤのオスの美しいさえずり声は、オス同士の闘いに使う武器ではありません。これらはメスに見せたり聞かせたりして、メスを引きつけるために用いられます。オスがこのような形質で求愛誇示して、メスがより美しい羽、より美しいさえずり声のオスを選んできた結果、オスはそのような形質を身につけるようになったのだと、ダーウィンは指摘しました。

この、メスのオスに対する行動を「メスによる配偶者の選り好み」と呼びます。動物が持っているほとんどの適応的性質は生存のために有効な働きをしているものですが、オスが求愛のときに使っている形質の中には、明らかに生存にとっては不利であると思われるものがあります。たとえば、クジャクのオスの派手な尾羽は、メスのクジャクを引きつけるには有効です

※12　実効性比＝繁殖の準備ができているオスの数とメスの数の比

が、捕食者にとってはよく目立つし、逃げるにはたいへんやっかいなものです。また、アカシカの大きな角も、毎年生え替わらせなければならないので、相当なエネルギーが必要です。

美しいオスの方が地味なオスより捕食者にねらわれる確率が高く、殺されやすいのであれば、なぜそんな形質が維持されていくのでしょう？　その答えは、オスは、単に長生きするだけでは、子孫を残せないかもしれないからです。メスに気に入って貰えないオスは長生きしても仕方がないのです。オスはメスを見ると、だれかれの区別なしに交尾しようとしますが、メスの方は、どのオスと交尾をしようかとオスを選り好みするのです。大きな角や派手な羽を持っているオスがメスから好まれますから、メスに選んで貰えなければ子孫を残せないかもしれないオスにとっては、たとえ命を落とす危険が増したとしても、メスに好かれる形質のほうが発達したのです。

大きな角や派手な羽根のような体の構造は、精子や卵子を生産することとは直接関係ありません。このような、生殖活動と直接関係のないところで現れる性に付随した特徴を二次性徴と呼びます。このように、動物界では生存上の利益という点だけから見ればとても適応的とは思えない、奇妙で派手な形質が性淘汰する例が多く見られます。

■親の子への投資

ダーウィンの理論から１世紀を経た１９７２年、トリヴァースが雄間競争を次のように説明しました。

精子は小さい配偶子で、卵は大きい配偶子です。この大きさの違いは、配偶子が栄養をつけているか否かだけで、遺伝情報（ＤＮＡ）の量は両者まったく同じです。卵は栄養をたくさんつけているので、精子に比べてつくるのに時間とエネルギーがかかります。ですから精子は大量に生産されるのに、卵は、それよりずっと少ない量しかつくられません。このように、精子と卵とは大きさの点だけでなく、数にも大きな差があります。ヒトの場合、睾丸は天文学的な数の精子を生産します。平均的な男性は1日に1億２５００万個の精子をつくり出し、一生涯では2兆個もの精子をつくります。それに対して、女性は一カ月に1個排卵し、生涯に約４５０個しか排卵しないのです。

ところが、受精して子をつくるためには、精子も卵も1つずつしか必要ありません。人類学者長谷川真理子は、いま一匹のオスと一匹のメスが出会い、受精が成立したとすると、このオスとメスは次に何をするべきでしょうか？　と問います。両者とも次の子の生産に取りかかるべきでしょう。そのとき、卵の生産と精子の生産では、卵の生産の方が時間がかかります。したがって、メスが次の卵をつくっている間に、オスは次の繁殖にとりかかることができます。個体の数はオス、メスはほぼ同数ですから、オスが次のメスを見つけて繁殖しようとすると、オスはメスをめぐってオス同士で闘わなければならなくなります。

トリヴァースは、雄間競争を、このような卵と精子の生産コストの違いで説明しました。

続いて、繁殖が成功するためには、子が生き残って成長してくれなければいけません。受精した卵をそのまま放置して死なせてしまったらその繁殖は失敗したことになり、また初めからやり直さねばなりません。そのときに、時間とエネルギーの点から見てより大きな損失をこうむるのは、多大な時間とエネルギーをかけて大きな卵をつくり直さねばならないメスの方です。メスは、そんな損失を被らないようにしたいので、受精卵の世話をするようになったのです。

メスは、受精卵の世話をすることで、次の繁殖に取りかかるまでの時間がさらに長くなります。その間オスはますます閑《ひま》になって次のメスを探しに行くことになり、ここでもオス同士の競争が起こることになるのだと説明します。

1972年にトリヴァースは、親が我が子に対する子育ての世話を、親の子に対する投資(Parental investment)と名づけました。これは、親が以降の繁殖機会を犠牲にして、今いる子の生存率を上げるようにする世話行動のすべてのことで、具体的には、卵の保護や抱卵、育雛、授乳、子守などが含まれます。

動物界には少数ですが、オス・メスの性役割が逆転している種があります。ヒレアシシギ、レンカクといった鳥類がその例です。そのような種では、メスがオスをめぐって争います。このような性役割の逆転があるということは、システムを動かしているのは、親の子に対する投資の差であることを支持することなので、トリヴァース理論の強い証拠といえます。

■一夫多妻

一夫一妻の種では、老化して死ぬまでの寿命は、オスとメスとでほとんど同じです。一方、一夫多妻の種では、オスの方が早く老化します。一夫多妻のオスは、生存に有利な能力を犠牲にして、繁殖競争に有利な形質になるよう性淘汰が進んだからです。一夫多妻傾向が強いほど、オスは繁殖の機会をめぐる競争でより危険な行動をとるようになります。ライバルとの闘争や、捕食者に襲われることもあるでしょう。動物は永遠に生きるようにはできていないのですが、ライバルよりも多くの繁殖を行おうとするようにできているのです。

オスの寿命について、別の研究があります。

交尾をすれば精子が消費され、精子産生が促進されます。そこで、交尾をしたオスと、していないオスの寿命を比べてみると、交尾をしたオスの寿命は、していないオスの25％も短くなっていたのです。この寿命の減少が交尾行動ではなく、精子産生の結果であるということが示されたのは、突然変異によって精子生産率が低下したオスは、普通のオスに比べて長生きすることを見つけたからです。少ししか精子をつくらない突然変異オスは普通のオスよりも、なんと65％も長生きしたのです。

次に、一夫一妻のレイヨウ（カモシカ）の種類では、オスとメスはだいたい同じ体格であり、同じような色模様をしているのですが、一夫多妻傾向の強いレイヨウの種類へ移行していくと、性的二型がはっきりついてきて、死亡率の性差も大きくなってきます。

テナガザル（一妻型）とチンパンジー（多妻型）の大脳新皮質の大きさを比べると、テナガザルはチンパンジーの半分しかありません。脳のシワの数や複雑さの程度も、テナガザルはチンパンジーより少ないです。

こうした事実から、大脳新皮質の進化に一夫多妻型の社会が関与しているのは、前述したとおりです。多妻型の霊長類の方が、一妻型のものにくらべて脳が発達している理由は具体的に何でしょうか？

多妻型では、多数の個体が社会交渉をくりひろげており、一妻型の社会より複雑な社会関係を持っています。また、多妻型のサルは個体同士の協調行動や、あるいは追放行動など、さまざまな社会関係が発達しており、それが大脳新皮質の進化に影響したと思われます。

ヒトは、霊長類の中でも、メスの体長に対するオスの体長の比が、いわゆる性的二型を示しており、実質的な一夫多妻の傾向を示しています。一夫多妻の霊長類のメスの体型は、その種のオスの体型よりも採食生態学的にみて最適値に近く、対してオスは大きすぎます。それはおそらく、雄間競争を勝ち抜くため、生命の維持より体力の強さを優先させたためでしょう。ヒトの性的二型は、テナガザルやマーモセットのような一夫一妻の種よりは大きいですが、ヒヒやゴリラのような極端な一夫多妻の種よりは小さいのです。

また、ヒトが一夫多妻であった別の痕跡は、男性の方が女性より早く老化するということに見られます。さらに別の証拠としては、女性の方が男性より少し早く性成熟することもあります。性成熟に達する年齢というのも、その種の一夫多妻の度合いと相関が見られることが明らかになっています。このように得られた証拠から、ヒトの性淘汰の歴史は実質的に一夫多妻的であったといえるのです。

ヒトの婚姻形態は、現代の先進国では一夫一妻がほとんどです。しかし、現在でも狩猟採集の生活をしている伝統文化民族では、「少しばかり一夫多妻」の形式をとっており、ヒトがここ数百万年の間暮らしてきたモデルとしては、こちらの方が適当と思われます。

■一雌一雄

霊長類の中で、一雌一雄型の動物ほどメスが恒久的に特権を与えられた地位を得ているものはありません。それは霊長類２００余りの種の中で37種（おそらくそれ以上）あり、いずれも多くの点で驚くほどの類似性を示しています。

２頭の動物が、子をつくった後も一緒に住み、その子を一緒に育てるのが一雌一雄制です。しかし、この用語をあまり厳密には用いず、いろいろな場合に幅広く当てはめることにします。配偶者同士が生涯連れそう場合（テナガザル）、かなりの期間連れそう場合（ティティモンキー）、２頭が同一テリトリーにいる場合（ツパイ）などです。どれも、ときには他に気をひかれることがありますが、他のものと交尾をする機会はかなり制限されており、オスもメスも自由に相手を取りかえてしまうことは稀で、オスは生まれた子が確かに自分の子であるという確信を持ちやすく、子に対するオスの投資の割合がかなり高くなります。

一雌一雄型の種の間の類似性を見てみると、しばしば両性は体の大きさや外見においてほとんど見分けがつきません。いわゆる性的二型が見られず、オスの犬歯が明らかに大きい（多雌一雄型動物の特徴）こともありません。一雌一雄型の動物種の場合は、オスはオスの侵入者からテリトリーを守り、メスの方も、メスの侵入者を撃退することによりオスと同じような役割を果たしています。ハーレムをめぐってオス同士で闘う雄間競争は起こらないので、オスだけ特有の武器を持ち、大型になるような淘汰圧はほとんど生じません。

一雌一雄型霊長類はその生態もよく似ています。そのほとんどが森林に住んで、テリトリーはかなり狭く、そこを配偶者双方が守っています。オスは子を一緒に連れ歩いたり、食物を与えるなどの直接の面倒もみるし、子を守ったり、母と子に食物を譲るなどの間接的な責務を負っています。食物を分け与えるという「気前の良さ」は、一雌一雄型霊長類を除けば、仮にあるとしても母と子の間にしか見られません。

子育てには、メスの方が負担を多く受け持ちます。しかし、オスの方も母と子のそばに留まり、ある程度子の世話や保護を行うという、かなりはっきりとした傾向が見られます。オスは群れ全体の防衛の役割を担い、大きくなった子を一緒に連れ歩き、それに食べ物を与え、譲るなどして援助します。このように、オスの負担はメスの負担にかなり近いものになっています。

一雌一雄型は必ずしも高等霊長類だけに限定されてはいません。原始的形態（ツパイ科）に

一雌一雄型霊長類

原猿亜目	
インドリ科	キツネザル科
インドリ	マングースキツネザル
(アバヒ)	(アカバラキツネザル)
(カンムリシファカ)	(ジェントルキツネザル)
	(エリマキキツネザル)
メガネザル科	ツバイ科
セレベスメガネザル	ツバイ
ボルネオメガネザル	
類人亜目	
オマキザル上科（新世界ザル）	
マーモセット科	オマキザル科
マーモセット（3～8種）	ヨザル
タマリン（10～25種）	シロガオサキ
ピグミーマーモセット	ティティモンキー（2～3種）
ゲルディモンキー	
オナガザル上科（旧世界ザル）	
オナガザル亜科	コロブスモンキー亜科
ブラッザモンキー	メンタウェールトン
	メンタウェーシシバナザル
ヒト上科	
テナガザル科	ヒト科
テナガザル（8種）	ヒト
フクロテナガザル	

（サラ・ブラファー・フルディ『女性の進化論』より）

始まり、新世界ザル（オマキザル科）にもかなり広がって見られます。

新世界ザルは、その祖先が今から３４００万年以上昔に、アフリカ＝アジア系統の霊長類から枝分かれしたと考えられる動物群です。ジョン・アイゼンバーグ等は、新世界ザルと現生原猿類の共通の祖先が、すでに一雌一雄型繁殖を行う傾向があったのではないかと考えています。それが事実だとすると、オスが特定のメスとだけ持続的関係を持つ傾向や、オスが子育てにかかわる傾向は長い伝統を持つことになり、さまざまの霊長類のメスの子にかける時間や、労力の負担が少なくなってきたと考えることができるかもしれません。２頭の親が徹底的に世話をすれば、双子が生まれてもかまわないし、出産の間隔が短くなってもよいわけです。

未熟な新生獣も、双方の親からたえず保護され、養育が保証される。この状況は初期人類において、まさにそうであったと考えられています。

一雌一雄制におけるメスの地位の高さとして、毛づくろいがあります。オスはメスの毛づくろいをしますが、メスがオスに対して毛づくろいをすることは少ないのです（他のほとんどの霊長類では、その逆です）。一緒に餌場に移動するときの主導権はメスにあり、食物の先取権もメスが持つことがあります。攻撃性は同性の部外者に向けられ、メスは他のメスに対して、オスは他のオスに対して攻撃的になります。

これを人間社会に例えると、典型的な「かかあ天下」です。一夫一婦を末永く維持するには、男は外の社会に対して勢力を使い、女は家庭の中で勢力を使うのが霊長類から学ぶべき作法というべきでしょう。

第3章

結婚制度

　1891年に「人類結婚史」を著したエドワード・ウエスターマークは、一夫一婦的な家族は人類に普遍的であるといいました。欧米諸国では、産業革命によって都市に労働者を集める需要が急速に増大し、農村社会に一般的だった大家族を解体して、男を労働者として外へ出す仕組みが必要になりました。一夫一婦の核家族は、夫が労働者として外で働き、妻が食生活と育児を分担するという、近代社会にとっては理想的な機能を担っていたのです。

　20世紀の人類学者はこぞってこの核家族の普遍性を強調し、地球上のいろいろな民族の社会を調査することによって、それを立証しようとしました。しかし、その結果、人類の結婚制度には次に述べるようなさまざまな形態があり、一夫一婦制は決して普遍的ではないことが明らかになりました。家族に関する社会規範の中では、親子、兄弟姉妹の間でのインセストの禁止だけが人類に固有な規範として残されたのです。

ところで、インセストの禁止は遺伝的に組み込まれているものではなく、人間社会だけに見られる現象ですが、その成り立ちについて、イスラエルのキブツ（※13）で行われた面白い観察が一つの答えを出しています。

キブツの子供たちは、生まれてから青年になるまで、互いに密接な関係を持ちながら育てられますが、それはまるで巨大な家族の兄弟姉妹のようなものです。子供たちが成人に達すると、お互い同じキブツ内で育った者同士で結婚しカップルができると想定されていましたが、キブツ育ちの２７６９組の結婚のうち、同じキブツで育った子供同士が結婚した例はたった13組しかありませんでした。残りのすべての例は、別々のキブツで育った子供同士の結婚でした。そしてこの13例も、すべてカップルのどちらかが、６歳以後になってからそのキブツに移

※13　キブツ
ユダヤ人開拓民の社会集団。20世紀初頭に東欧から逃れてきたユダヤ人青年たちが作り上げた農村生活共同体社会である。伝統的な家族制度を完全に否定して、出産を除いて男女の性差を撤廃した、究極の男女平等社会生活を営んでいる。従来女性の仕事とされてきた子供の養育や家事（炊事、掃除、洗濯など）は、すべてそれぞれの専門職が分担して行い、家も学校も子供の養育も、みんな大きな集団の中で営まれ、血縁のない大家族といわれている。

ってきた子供だったのです。生まれた時から一緒に育てられた子供たちの間では、結婚するものがなかったばかりか、青年期以後も、性的関係をもつものは1人もありませんでした。

これだけはっきりと性的抑制が現れるということは、つまり、ヒトは生まれてから6歳までの間が性的嗜好を決定する大切な時期であることがわかります。

同じような例が台湾でも見られます。台湾では、幼児のうちに結婚を取り決め、嫁になる幼女が将来の夫の家に預けられてその家のしきたりを学ぶ、という習慣が古くからありました。人類学者ウルフがこの幼児婚の実態を調べたところ、離婚や性を巡るトラブルが異常に多いことを発見しました。幼児から一緒に育った男女が性交渉を回避する傾向があるのに、それを無視して結婚させたためにトラブルが起こったのであろうとウルフは指摘しています。

インセストが人間社会のほとんど到る所で禁止されている理由については、さまざまな説明が繰り広げられてきましたが、いまだに完全に納得できるような説明は一つもありません。インセストは、劣勢の遺伝形質を誇張することになるために、身体的および精神的変質者をつくりだす危険があるという考え方が、このタブーに由来しているとみなされていますが、これが誤りであることは、牧畜業者なら誰でも知っています。食肉にするための牛や豚の品種改良は、近親交配を重ねることによってなされるのは周知の事実だからです。

人類での近親結婚の実例としては、ヨーロッパのハプスブルグ王家があります。ハプスブルグ家の人々は、その帝国を維持するために、叔父、叔母、いとこなどの近親間の結婚にも躊躇しなかったのです。ハプスブルグ家を特徴づけているアゴは、代を重ねるにつれて大きくなり、１６５７年にレオポルド１世が王位を継いだ頃には、彼のつり下がったアゴは異常に大きくなっていたので、口を閉じることもできなかったといわれています。しかし、この奇妙な容貌も、彼がおよそ半世紀にもわたって、有能で人気のある君主となる障害にはならなかったようです。

古くは、プトレマイオス朝最後の王であるクレオパトラは、12代にわたって続いた近親結婚の産物であったわけですが、彼女が肉体的変質者だったとはとうてい考えられません。我が大和民族も、古代には天皇家や貴族の家系で近親者同士の結婚はしばしば行われています。

しかし、ここで言う近親結婚は親子間や兄弟姉妹間は含まれていません。日本では現在でもいとこ同士の結婚はしばしば見られることなので、人類によるインセスト禁止は三親等以内の近親婚の回避と考えるべきでしょう。

世界中の８４９の民族社会を調べたところ、私たちが当然常識だと思っている一夫一婦制の民族はなんと16％しかなく、一夫多妻制が83％と圧倒的多数派だったのです。中には一妻多夫制（０・５％）という民族も存在します。こうなると人類は圧倒的に一夫多妻ということになりますが、ここで一夫多妻として挙げた社会のうち、実際に20％以上の男性が一夫多妻を実行している社会は、この中のおよそ3分の１しかありません。

ということは、地球上で本当に一夫多妻を実行している男性は、28％弱ということになり、

世界の 849 の民族社会における結婚形態

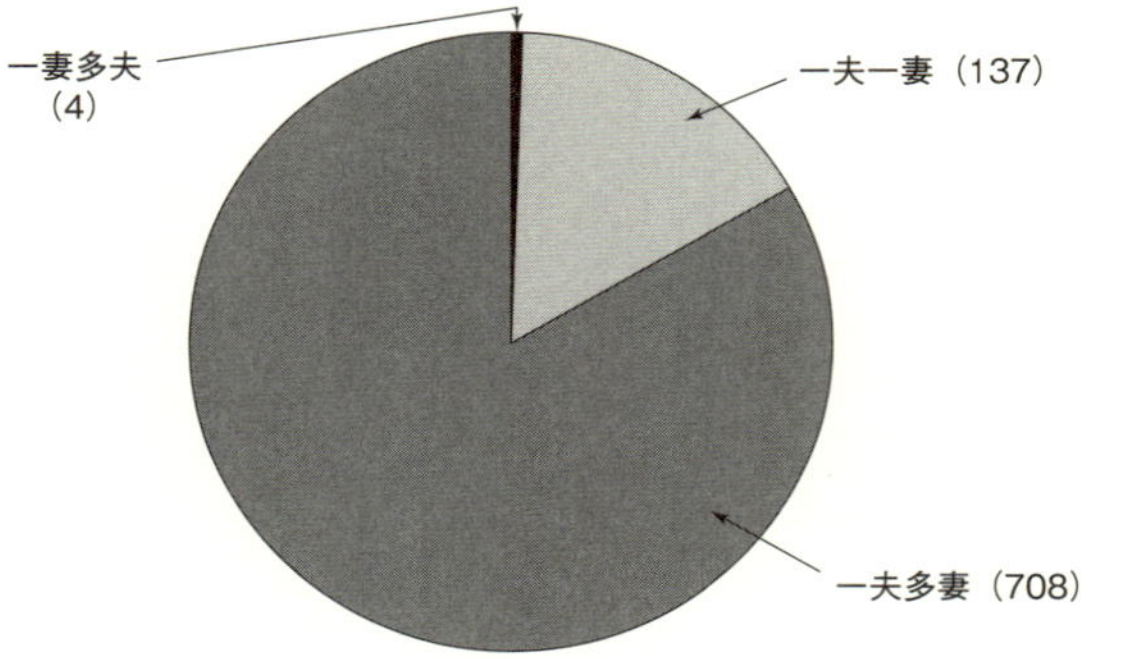

一夫多妻が多いが、この中で、男性の 20％以上が一夫多妻を実現している社会は、約 1/3 にすぎない。

（長谷川真理子『オスとメス＝性の不思議』より）

残りの71％強は一夫一婦制で、一夫多妻はやはり少数派ということになります。複数の妻を持っている約3割弱の男性は、その社会制度の中の金持ちだけということがいえます。

動物の社会を見渡してみると、オスが実質的に子の世話をする種類で、一夫多妻のものはほとんどありません。ペアの父親が子に多大な投資をしながら、また別のペアの子育てもするというのは、動物にとっては不可能に近いことです。ヒトの場合、父親があるパートナーとの子に投資をして、なおかつ別のパートナーとの子にも投資ができるのは、富の蓄積があるからです。一万年前に人類が農業や牧畜の技術を発明して以降、狩猟採集民時代には起こりえなかった個人的な貧富の差が生じるようになり、それがこの一夫多妻を可能にしたのです。

伝統文化民族の結婚制度

■乱婚制

南インドのナヤール人は乱婚社会です。女性は同時に何人も、自由に恋人を持っています。夫は夕食後に訪妻して翌朝早く去ることになっています。夫も妻も複数いるのが普通です。そのため、生まれた子供の生物学的父親が特定できない場合があります。子供は母親が育てますが、出産にかかった費用を払った男がその子供の社会学的父親（※14）になります。

南太平洋のサモア島は、未成年に対する性的な規制の弱い社会です。性交渉をあまり子供たちに隠すことがないので、少年少女たちは、とがめられることなく奔放に性交渉を行っています。10歳になれば子供たちは豊富な性の知識を持ちます。一つの家に長く生活する子供たちはほとんどなく、部族内の所帯を自由に移動します。また、親子関係にはこだわらず、いろいろな関係にある20人ほどが生計を共にします。そのメンバーは常時入れ替わっているので「何人家族？」という問いには答えられません。また、性に関する交渉や会話は、女や少女より男や少年のほうが、より卑猥なことに興味を持ちたがる傾向があります。これは、生涯を通じて男が女よりも性的なことに関心を示し続ける、人類の特徴かもしれません。

※14　社会学的父親＝生物学的父親ではない、子供の保護者としての父親。

カナダの北極圏に住むヘアー・インデアンは、男女とも複数の相手と性関係を持つことが普通で、「夫婦と子供」という固定的な単位が成立しにくい社会です。子供は育てられるものが育てればよいと考えています。「あそこのおばさんは子供好きだから」「あそこの夫婦は子供をほしがっていたから」といった理由で子供の養育者が決まります。子供のほうでも、物心がついてからは、自分の気が向いたときに行きたいテントに移動して歩くようです。

北極圏に住むイヌイットは、夫婦交換、あるいは共同婚の社会です。北極の状況はしばしば過酷で、狩猟の成果はまったく予想できず、飢餓はあまりにありふれていました。そんな厳しい環境の中を生きていくためには、お互いの家族メンバー同士が助け合うように倫理的に義務づけられていたのです。それが、2組のイヌイットのカップル間で長く続く、助け合い、協力関係の延長としての時々の夫婦交換による性関係であり、互恵的関係なのです。このように、夫婦交換はイヌイットの文化の重要な一部であり、明らかな適応価値を持つものです。

■一妻多夫制

人間における一妻多夫の配偶様式は極端に少なく、生態的あるいは社会的な理由によって、資源が極端に限られている文化でのみ見られるものです。

チベットのニンバ族は、険しい峡谷ぞいの、文字通り猫の額のような狭い土地にしがみつくように暮らしています。そのような生存条件では、兄弟が分家する余裕はまったくありません。多くの社会では、家を継げない次男以降の男たちは都市に出たりするのですが、チベットでは出て行く先がありません。このような土地の制約が、一妻多夫という風変わりな制度を生んだのでしょう。

ともあれ、夫同士が一人の妻を共有しながら協力的でいられるのは、彼らが血縁関係にあることに多くを負っています。チベットのトレバ族では、夫を2人持っている女性は、夫を1人しかもっていない女性よりも、子供の数はかえって少ない傾向があります。

南米先住民のアチェの人々は、男性の攻撃性が支配する極端に残忍な社会です。男たちは棍棒による闘争を常とし、子供はしばしば父親をなくします。また、父親は、時々パートナーや自分の子供を見捨てて、他のもっとよいパートナーを探しに行ってしまいます。この非情な狩猟社会では、親に見捨てられた子供たちはたいてい生きたまま葬られることになります。女性は一般的に一妻多夫で、少なくとも2人のパートナーを持ちます。これは、もし一番目の父親が死んでしまっても、子供を世話し食べさせてくれる次の父親（社会学的父親）がいることが、子供の生存の可能性を若干高めてくれるからです。

ヨーロッパの結婚制度

私たちがお手本にしているヨーロッパは、キリスト教の教義がすべてを支配している社会です。現在では、キリスト教も大きくカソリックとプロテスタントに分かれ、それぞれが各宗派に分かれており、各々多少の違いがあるようですが、いずれにしても「性」にはめっぽう厳しい戒律がある社会です。ですから、さぞ性に対して厳しい戒律を守った清廉な社会を築いているのかと思ったら、どうもそんなことはないようです。

キリスト教が広まった9世紀以降には、男女がお互いに惹かれ合って結ばれるのは、神が2人を結びつけた秘跡であると信じられていました。ですから、近代まで離婚はできませんでした。神が結びつけたものを、人間が切り離すことはできないという理屈です。現在でもカソリックの国の中には、離婚を認めていない国があります。

中世ヨーロッパでは、「領主の初夜権」という制度がありました。中世の領主は、誰の花嫁とでも新婚初夜にセックスする権利があったのです。古いところでは、ジュリアス・シーザーも、ローマ帝国内のあらゆる人妻とセックスする「合法的な権利」を持っていました。もっとも、シーザーの時代には、まだイエス・キリストは誕生していませんでしたが、それにしても、権力を持った男は何でもできたのです。

17世紀のフランスでは、貴族階級やブルジョア階級の女性は、出産すると子供を乳母に委ねることが普通でした。18世紀になると、その風習が都市で生活するすべての社会階層に広がりました。子供たちを乳母のもとに送り出すのは、裕福な女性たちか、あるいは働かねばならず授乳できない女性たちでした。それは、子供たちに対する無関心ではないし、ましてや母性愛の欠如のしるしではなかったのですが、こうした習慣は、非常に高い幼児死亡率の原因になっていました。

たび重なる幼児死亡にもかかわらず、貴族女性たちが母性を放棄したのは、自由に生き、教養と知識を発展させることを、子供に邪魔されないためだといいます。思想家のJ・J・ルソーも、使用人の女性に産ませた自分の子供5人を孤児院に押しつけました。ヴィクトリア女王は、母乳養育は気持ち悪いと言い捨てたそうです。また、18世紀の貴族階級の女性は、こと恋愛に関しては相当の自由が許されていました。婚外交渉は、おおっぴらに認められていたわけではありませんが、実際のところかなり大目に見られていました。子育てを放棄した主な理由は、おそらくこの自由恋愛にあるのでしょう。

このように、母親たちが育児に手抜きをするのは今に始まったことではありません。極端にいえば、古今東西人間は常に育児を忌み嫌い、手抜きをしてきた生き物です。ただし、手抜きをすると赤ん坊が死んでしまう場合には、さすがにできません。しかし、良い条件がそろって、自分があまり育児をしなくてもいいような場合には、できる限り育児に関わらないようにしてきたのです。このような条件を満たせるのは、たとえば上流階級です。どこの文化圏でもほとんど例外なく、上流階級では乳母を雇います。母親の母乳の出が悪いときに補助してもらうのが乳母の本来の役目ですが、そこからだんだんと転じていって、育児全般を乳母に任せてしまうケースも少なくありません。

乳母を雇えない農民や一般市民は、赤ん坊の兄弟姉妹に育児を分担させます。19世紀ドイツの農村の生活を調査した、民俗学者の坂井州二によると、ドイツの農村の母親が乳幼児に接する時間は、一日平均一時間ほどしかなかったといいます。日々の仕事に追われて忙しい生活だったとはいえ、この数字はあまりにも少なすぎます。

それでも、農村では子供は労働力でしたから、数多く必要とされていました。反対に、子供が生産活動に従事しない上流階級では、労働力としての子供は必要ないため、子供を生むこと自体が避けられるようになりました。

ジョン・R・ギリスによると、18世紀末頃から「母性」の持つ意味に変化が現れたそうです。従来は、子供を産むのは母親だが、それを育てる仕事は母親に限らず、誰でもできることとされ、育児は母親がするものという考えは希薄でした。生まれたての赤ん坊がすぐに里子に出されたり、乳母に預けられたりすることが多かったことでもわかります。

ですが、それまで使用人や同居人も含めて世帯員全員を指していた「家族」の概念が、次第に夫婦と子供だけを指すようになり、母性概念にも大きな変化が生じたのです。母親は単に子供を産むだけでなく、その子に自ら乳を与え、いつくしみ育てて、生涯にわたって愛し続けることが母親の本質であるとする考えが強まりました。子宮に代わって乳房が母性を象徴する器官となり、母はその声や微笑みやぬくもりと共に、子供たちからノスタルジアをもって追慕される存在へと変化していきました。

ところで、話は変わって18世紀のノルウエーやデンマーク、西南ドイツ諸邦では、兵籍加入制度によって男子の早婚が妨げられ、さらに、軍務を果たした後でも、妻を養うに足る資力を持つという証明書を、教区の牧師の署名をもって提出しなければ結婚できませんでした。同じ傾向は19世紀のドイツにも見られます。結婚するには大変に厳しい次の４つの条件を満たさねばならないのです。（1）土地所有（2）しっかりした営業実績（3）営業許可証（4）その他の形で完全でかつ持続的に保障された生計状態。以上が必要条件というわけです。

この制度は、結婚を望む若者に対して、有資産者たちの最も意地の悪い特権と化し、大多数の人々、少なくともドイツ人口の３分の１は正式な結婚ができませんでした。そこで、多くの人々は不法な結合や野合をすることになり、多数の婚外子（※15）を生み出すことになりました。

また別の文献によると、19世紀ドイツの結婚様式は、社会層の違いで大きく異なっているようです。労働者層の娘は遅くとも14歳で労働生活に入り、たいてい20代に入る頃には特定のセ

※15　婚外子＝結婚していない親から生まれた子供

ックスパートナーができます。こうして事実上の性関係が先行し、周囲の承認を得てパートナー関係が固定し、収入が安定する20代後半に子を産み、結婚登録をするのです。これに対し、市民層の「家娘」たちにとっては、婚前の純潔は結婚の前提条件です。互いの家族間の合意を取りつけて婚約を整え、半年後に「家族結婚式」をあげて新居での家族生活を開始します。このように、一般労働者階級と資産階級では社会生活がまったく違います。これは、明治以前の我が国の武士社会と町民社会の相違とよく似ています。

北欧のスカンジナビアには「よばい」という慣習がありました。この伝統は、東ヨーロッパから南はアルプスにいたるまで、その跡を残しています。夏の間、農家の娘たちは母屋から離れたところにある独立した寝床が与えられます。若者のグループは、夜になると、その「娘宿」にいる娘たちを口説くために意気込んで繰り出し、一組の男女が互いに惹かれあうと、友人たちは退いて2人だけでその夜を過ごすのです。ロマンスが芽生えたらセックスに進み、その後に2人は婚約を発表することになります。

このように見てくると、一口にヨーロッパといっても、国によってまったく異なる結婚様式があることがわかります。階級によってもまったく異なります。しかし、このようなヨーロッパの結婚制度は、20世紀に入って大きく変化しました。

1950年代頃から北欧を出発点として、フリーセックス運動が起こります。自分たちの「性」は自分たちで管理しようという運動です。性を神の管理から人間に解放したのです。この運動はヨーロッパ全体に浸透して、現在も進行中であり、今までの抑圧された時間を取り戻すかのような勢いで性の解放が進んでいます。その結果、セックス初体験年齢の低下や、離婚率の増加、家族の崩壊など、悪い面ばかり目立ってきました。また、レズビアンやホモセクシュアル同士の結婚が認められる一方で、フランスでは、結婚したくない人たちのために、パックス（ＰＡＣＳ）という同棲と結婚の中間のような制度がつくられています。

ここまでいくと、当初はどうであれ、現在のフリーセックス運動は明らかに間違っています。人間社会を構成する根本である家族、すなわち夫婦という単位を消滅させてしまう方向に進んでいるこの運動は、生物学的な考察から完全に間違っていると言わざるを得ません。

日本の結婚制度

我が大和民族は、もともと性に対してかなりおおらかな民族です。日本の古代社会では、氏族内の男女の婚姻は、血縁者間の結婚として認められていました。これをタブーとし、かならず他氏族と結婚するという規制を持つ氏族集団は、日本社会には存在しませんでした。日本の社会では、近親婚に対するタブーがきわめて弱かったのです。こうした近親婚のルーズさは、古くからの日本社会の一つの特徴で、天皇家や貴族の事例では鎌倉末期までこうした近親婚が続いており、少々驚くほどの状況です。

また、平安時代には現代のような一夫一婦的な貞操観念はありませんでした。重婚さえ認められています。平安時代の才女、和泉式部は4人の男と関係がありましたが、そのことで何のトラブルも起きていません。

鎌倉時代の後期に書かれた「とわずがたり」の女主人公は、宮廷を退いてから長い旅をしているのですが、その際いろいろな男性とセックスせざるをえないのが普通だと書いています。「旅の恥はかき捨て」などという伝承が現在でも残っているのは、その名残と思われます。この時代はフリーセックスに近かったのかもしれません。

織田信長の時代になります。ポルトガルの宣教師ルイス・フロイスは、16世紀中頃に訪日して、35年間日本で生活しました。彼が残した著書によると、「日本の女性は、処女の純潔を少しも重んじない。それを欠いても名誉を失わず、結婚もできる」「財産は夫婦別々に自分の分を所有していて、時には妻が夫に高利で貸しつける」「離婚はいつでも意のままにできる。妻はそのことで名誉を失わないし、また再婚もできる。またしばしば妻の方から夫を離婚する」「娘たちは両親に断りもせずに、何日でもひとりで好きなところに出かける。妻は夫に知らせずに、好きなところに行く自由を持っている」「堕胎はきわめて普通のことで、20回も堕した女性がある。子供を産んだ女性は、育てていくことができないと、赤子の喉の上に足を乗せて殺してしまう」「比丘尼の僧院はほとんど淫売婦の町である」など、多少フロイスの偏見もあると思われますが、この時代の夫婦の生活が見えます。

堕胎について、フロイスは、日本の女性は大変残酷であると言います。日本の女性は子供の命をまったく大事にせず、しかも性的にルーズで奔放であると書いています。キリスト教宣教師であるフロイスの宗教的な倫理観からすれば、このようなことは許されることではなく、非常な嫌悪感を抱いていたことは間違いないでしょう。しかし、日本の社会はキリスト教のような、宗教的な倫理によって性が規制されていない社会です。

その子を育てられないとわかると、喉に足をかけて踏み殺してしまうというような女性の行為について、その理由は単純に、貧困と生活苦によるとされてきましたが、それだけが理由ではなく、「未婚の母」が非常に多かったのも原因と考えられます。それは当然、性の自由さが影響したでしょう。「7歳までは神のうち」という言い伝えがあります。これは、乳幼児の死亡率が大変高く、数え年8歳まで成長すれば一安心だが、それまではいつ死んでも神様の元に返したと考えて諦めたということです。7歳以下の子供は、まだ人間とは考えられておらず、それだけ命を軽く見たのかもしれません。フロイスよりやや遅れて来日したスペイン人神父コリャードの『懺悔録』にも、ずいぶん露骨に多くの男と関係した女性の話が出てきます。「間引き＝嬰児殺し」は日本だけでなく、中国、インド北部でも行われていました。誕生直後に殺された嬰児は登録されず、記録上は存在しません。このように嬰児殺しは、しばしば出産調整の手段として姿を見せています。

徳川時代に入ります。識字率と結婚年齢には相関が見られます。識字率が上がれば、結婚年齢が高くなるという関連性が存在するのです。女性の結婚年齢が上昇すれば、出産期間が大幅に縮小することになります。仮に15歳で結婚すると、45歳の出産の限度まで30年間の出産期間がありますが、25歳で結婚すれば、出産期間は20年間に縮小され、出産期間は33％の減少になります。当然出生率も低下します。

女性の結婚年齢について、三つの村の記録が残っています。１６８０年〜１８７１年の時期の女性の結婚年齢は、表にあるように21〜24歳と、驚くことに１９７０年代とほぼ同じです。この結婚年齢はそんなに高くはありません。しかし、同時期の１０００人当たりの出生率を見てみると、18・5〜26人という非常に低い数字なのです。この結婚年齢では、この低い出生率に結びつきません。おそらく生活苦などによる嬰児の間引きが行われたことで、出生数の登録

日本における女性結婚年齢の変遷（1680－1975 年）

初子誕生時の平均年齢		
フキアゲ村	1683-1712 年	23.1 歳
	1773-1801 年	22.7 歳
ヌマ村	1814-1832 年	24.0 歳
	1860-1871 年	22.7 歳
ニシカタ村	1782-1796 年	21.1 歳
初婚の平均年齢		
1930 年		21.8 歳
1975 年		24.9 歳

（E・トッド『世界の多様性』より）

が低く抑えられたのだと思われます。

この表で見ると、日本は徳川時代にはすでに、人類学的にヨーロッパと同じ結婚年齢のバランスを実現していたことになります。

女性の役割（あるいは幸福）は、結婚して子供を持つことであり、結婚して、子供を産んで一人前であるといった観念が日本の社会に定着したのは、近世、江戸時代です。これに貢献したのが１７１６年（享保元年）に出版された『女大学』という書物であるといわれています。全十九条からなる『女大学』の冒頭を現代文に訳してみると「女子は他人の家に嫁してそこで仕えるのが務めなのであり、嫁ぎ先で通用するか否かはひとえに父母の教育にかかっている。故に女子に対しての父母の教えは、男子よりも緩めにしてはいけない」で始まります。以下は夫、舅に仕えることなど、男尊女卑の思想がつづられています。

『女大学』は、その後いろんな人がさまざまな女子の習得すべき教訓などを付加して、数多く出版され、近世後期から、明治・大正・昭和にいたるまで女子の教育に甚大な影響を及ぼしていくことになります。

『女大学』が、広範かつ長期にわたって社会に浸透していった要因として、近世的封建制が安定したかたちで機能する社会になった際、家父長制（※16）が内包していた女性の役割の顕在化ということが挙げられます。すなわち、夫は経済的に家を支え、妻は家内を治めるのが役目であるという意識を浸透させて固定化していったのです。

しかし、『女大学』のような女訓書を読むことができる人たちは、文字を読み書きできる一部の上層階層に限られており、人口の大部分を占める一般庶民には、貞操とか処女性の観念などは無縁でした。明治の半ばまで、一般庶民は、高い離婚率や再婚率が記録され、「貞女は二夫に見えず」などという徳目は武家の話であり、庶民には無関係なことでした。江戸時代の結婚は「恋愛」とはまったく別もので、男も女も生きるために結婚したのです。

井原西鶴の小説の中に、結婚についての記述があります。それによると、主人公源右衛門は裁縫の技術を持った女性と結婚しました。共稼ぎができるからです。江戸時代の共稼ぎとは共同で家計を支えるのではなく、個々それぞれに稼ぐのです。江戸時代は「個」という考え方が強い時代でした。源右衛門が結婚した女性は倹約家で、現在のお金で1千万円ほどの貯金を持

※16　家父長制＝男系によって財産相続が行われていく制度。

っていました。源右衛門は彼女の「敷金＝持参金」目当てで結婚したのです。敷金目当ての結婚は、ごく普通のことで、非難されることではありませんでした。ただし、離婚する時は、これは妻に返さねばなりません。妻が実家から持ってきた家具調度衣類も最後まで妻のものであり、財産についても個々のものという考え方が強いのです。嫁入り道具と持参金は、離婚したときには妻が持って帰ります。もし夫が使い込んでいたら、その分は夫が返さねばなりません。

江戸時代は、性に対して寛容な時代でした。男も女も貞節を守るという観念は少なかったようです。そのような江戸では、性の欲望を処理する場所は、男は吉原一か所に限られていましたが、女は七場所といって複数の場所が認められていました。

武士以外の「農工商」身分階級は、女子相続が主流でした。特に商家の場合、当主は婿養子がなるのが常識であり、家付きの妻に頭が上がらないことと、「家内の目」があることも煩わしいので「妾を囲う」ことになります。なお、家付きの妻も、性生活に不満があれば七場所をはじめ、自分用の寮に男を呼ぶことも自由でした。当時の婿養子にとっては、家業を繁盛させたうえで「妾を囲うこと」は男の甲斐性であり、むしろ賞賛されることだったのです。

次に江戸時代の風俗について見てみると、江戸時代の公衆浴場は混浴で「入り込み湯」と呼ばれていました。これは、男女別々に風呂を沸かすと燃料費がかさむということから始まったようです。寛政３年（１７９１年）、「男女入り込み停止」という男女混浴禁止令が出ました。それでも陰で混浴が行われており、それから50年後の天保12年、水野忠邦の天保の改革の時に、再度の混浴禁止令が出ました。『雑学艶学』に、「よって聞き及ぶに、暗所にまた夜中などは、ほしいままに姦淫のことありしぞと」と書いてあります。今みたいに電気がないわけですから、風呂場の隅のほうで男と女が通じあうことがしばしば見られたようで、風呂場での性行為を禁止することが条例に書いてあったわけです。それでもなかなか効果がなく、明治2年に本当の法令として禁止令が出されました。結局、明治33年に内務省令で12歳以上混浴禁止となりました。

江戸時代は、徳川家康が樹立した「公儀」と自称する武家政権であり、その「公儀」体制を永続させることができたのは、家父長制を原則としたことが基になっています。そのために、公儀による「一夫多妻（妾）」が容認されました。この方式は「源氏物語」以来、公家や武士階級では伝統だったのですが、戦国乱世を生き抜いた家康が身をもって体得した方式でもあったのです。

武家では、その階層を問わず「一夫一妻多妾制」でした。そして、武家の場合は「妻妾同居」が原則です。これは将軍の大奥でも、大名の奥でも、幕臣の最下層の与力・同心の場合でも同じです。男子による世襲制が鉄則であったため、運よく男子が生まれても、成長するまでの高い死亡リスクを考え、最低3人の男児の誕生が必要とされました。

また、江戸時代の武士の離婚は、夫の家の当主と妻の家の当主から幕府に届け出をします。これは現在の離婚届に似ていますが、届けるのが本人ではなく「家の当主」というところが江戸時代らしいところです。武士には名字があり、その名字は結婚しても夫婦別姓でした。それは家に重点が置かれているためで、妻は結婚しても婚家ではなく実家の一員なのです。

武士階級だけが、妻の不倫現場をおさえたら、妻とその相手を「敵打ち」しても許されることになっていました。武士には名誉を守る義務があったからです。ちなみに、町人の世界で同じことをしたら、ただの殺人罪です。町人は名誉を守る義務など負っていないので、トラブルになったら金で解決しました。農村の場合は、金による解決すらしません。いわゆる知らないふりで、ごまかしたのでしょう。

「家」は武家の文化伝統であって、庶民の文化伝統ではありません。江戸時代、儒教文化による名誉と規律を重んじる武家階級は、人口の10％に満たないものでした。国民の大半を占める庶民は、儒教文化とは無縁の、自律的な共同体社会の中で暮らしていました。婚前交渉を含む通婚が自由に行われ、処女性の観念が希薄で、離婚、再婚が高い頻度で行われていました。江戸時代は、一般庶民階級では、現在の婚姻制度にあたる制度は事実上ありません。現在の結婚式に相当するしきたりとしては、一組の男女が同棲する事実を、その属する階層全員に披露して公認してもらう「ひろめ」というものがあっただけです。

キリスト教と無縁だった日本では、処女に神聖さを感じることはなかったし、離婚した女性を特別な目で見ることもありません。離婚した女性は、むしろいろいろ経験を積んだものとして評価され、マイナスのイメージはなかったのです。

江戸時代の婚姻様式の研究家の高木侃氏は、これまでの通説では、江戸時代の女性は、離婚する権利はないし、嫁に行っても夫やその親の気に入らなければ簡単に離縁され、女性の権利は非常に抑圧されていると思われていたが、実際にはだいぶ違っていたらしいと言います。

江戸時代はあまり庶民の記録が残っていないので、厳密にはわかりませんが、相当離婚率が高かったと推定されており、離縁状についても、夫だけが離婚権を持っていると言われてきたのとは大いにちがって、妻の飛び出し離婚もかなりあったようです。たとえば、妻が実家に帰ってしまって戻ってこない。夫の本音は、なんとか妻に戻ってもらいたいのだが、聞き入れられないので、仕方なく泣く泣く離縁状を書くということもずいぶんあったようで、決して、縁切り寺に飛び込まなければ離婚ができないという状況ではなかったのです。

江戸末期、幕末の都市生活者は、男女関係の流動化が普遍的な状況であって、最下層の長屋暮らしとなると、一つの所帯の中にいる子供は、大部分が「連れ子」「継子」だったそうです。まるで現代の家庭とあまり変わらないようですが、実際には、例によって大部分を占める中下層庶民のことは記録に残りにくいため、普段の生活はよくわからないというのが正直なところです。

江戸時代の日本には、神前結婚も仏前結婚もありませんでした。神官が職業として他人の結婚式の司式をする神前結婚が始まったのは、明治33年（１９００年）だそうで、神前結婚といっても厳密には宗教婚ではなく、ただの新しい習慣です。

西欧の社会には、キリスト教的禁欲主義が根づいており、「性」を自然のまま放任するのではなく、性を抑制することが、神から見て正しい人間であると考えられています。日本の場合は、男が女を見て欲情するのは人間の自然の姿であるので、それを抑えるという考えはあまりなく、平安時代などは性におおらかでした。明治以降、キリスト教思想が導入されてから、その影響で日本人も軽々しくセックスを考えることは恥ずべきものと考えるようになりました。

現在の日本人の「結婚」という形成は案外新しく、明治政府の初代文部大臣、森有礼が西欧における夫婦制度を見習って「結婚式」を挙げ、そこで結婚契約書を読み上げたのですが、これが日本人の結婚式第一号だそうです。それまでの日本では、結婚式とはいわず、縁組とか婚礼と言われていました。

こうして結婚した男女は、西欧からの輸入思想により、一家の「主人」となり「主婦」となります。「主人」と「主婦」が対語として登場するのは明治20年代です。その考えは、カタカナ横文字の直輸入の形で紹介されました。まさに西欧文化をどんどん吸収していった時代です。明治の中頃になると、武家社会で受け継がれてきた「家制度」が一般庶民にも広がってきました。これは武家の封建制度をまねて、一般庶民社会にも広がったと思われていましたが、実はそうではなく、明治31年帝国民法の制定によるものだったのです。すなわち、明治政府の発明品というわけです。

明治以前の武士階級に「家制度」がありましたが、江戸時代の武士の人口は３％、その家族を含めてもせいぜい10％で、武士以外の残りの90％の農、工、商の人々は、多様な世帯構成のもとに暮らしていました。そこで明治政府は、家の倫理が国の倫理に従属するように、「家制度」を人為的につくりあげたのです。

また、明治政府は西欧諸国との条約改正の支障となることを恐れ、風紀上好ましくない男女混浴、若衆宿、性神崇拝などの習俗を廃止するように働きかけ、それらは次第に姿を隠していくことになりました。

しかし、明治25年（1892年）発行の女学雑誌の投稿に、「田舎の道徳は大変堕落している。家庭でも学校でも純潔という事柄を見つけ出せない。小学校を卒業したばかりの14〜15歳の子供たちで姦淫の罪を犯していない者は果たして何人いるのだろうか。未婚の娘たちに処女を見つけることはできないし、まして青年たちにおいては性経験のない者などほとんどいない」とあります。明治30年発行の同誌によると、群馬県吾妻郡孀恋村では「毎夜、青年婦女らが夜遊びに出づるの習慣ありて、彼の小屋に潜かに男女の声あるあれば、此処にもまた然るあり」。また、青森県西津軽郡赤石村では「男女成年に達すれば、自由に相通ず。また配偶者を有する男女間といえども、往々驚くべきのことあり。然れども父母ないし他人もあえてこれを怪しまず」というように、都市と田舎とはまったく異なり、成年男女の夜遊びやフリーセックスぶりの実体が報告されています。さらに、京都府においても、「男女の間は市中ではやや厳正なれども、田舎に入るに従って混乱し（中略）また盆踊り、夜祭等には、淫風公然に行はるるの地方ありといふ」というように、性的に開放的な地方が多くあったようです。

福澤諭吉が明治16年に調査した離婚数は、結婚数の３分の１以上もあったといいます。福澤によれば、この原因は、男も女も相手のことをほとんど知らないまま結婚するためであり、この結婚制度はまるで「抽選」のようなもので、たまたま互いに気に入った相手と当たれば良いが、そうでない相手だったら離婚になっても当然のことだと言います。福澤は、男女が平等に交際して、お互いをよく知りあうことが離婚率を低下させることにつながるのだから、男女が平等に交際する機会をつくることが肝要なのだと唱えています。

明治37年発行の『酢漿草』によると、「見ず知らずの男女が第三者を通じて知り合い、写真を交換し、見合いを済ませて、その後結婚式を挙げる。赤の他人が突然生涯でもっとも親しい伴侶となろうとするのです。（中略）日本流の結婚法は、こんな当て物のようなものです。うまく当てれば一生幸福で、当て損なうと一生不幸となるわけです。将来の文明社会の男女が採用すべき結婚法はこんな迂闊なものではいけません。やはり事前にお互いの性質を知りあうための男女交際が早く完全に実施されるように希望します」と、福澤の意見とまったく同じことを訴えています。

時は進み、第二次大戦前までの各地で、少なくとも西日本では、いわゆる「夜這い」の習俗が生きていたことは間違いありません。

岡山の備中の山のほうでは、出雲の男たちが備中に夜這いに来るので、備中の男たちはそれを追い払いに行くという話がありました。昭和30年代に、これに関連した殺人事件が起こり警察沙汰になったため、その後はそういう習俗はなくなったとのことです。また、お祭りのときや、仏教の大衆的な法会のとき、あるいは神社、仏閣にお籠りをしたときなどに、男女のフリーセックスが行われるという習俗が残っていました。対馬の観音堂の祭りや、河内の太子堂の縁日のときは、男女の自由な交渉が公然と行われたようです。

このような風習が、地方によっては戦後、昭和30年代まで残っていたのには驚きます。性的な風習は、キリスト教のような宗教の締めつけが弱い日本の社会では、現在から想像できないほど、おおらかだったのです。しかし、戦後の占領軍による民主主義政策が浸透していくと同時に、性道徳も西欧風になっていきました。

ところが、昭和40年代に西欧でフリーセックス運動が起こります。そして、その思想をそのまま受け入れた性教育が小・中学校で始まりました。それによる悪影響がしだいに日本でも目立ちはじめ、十代の未婚少女の出産や、継父による児童虐待などが日々増大しています。

第4章

フェミニズム運動について

■西欧のフェミニズム運動

霊長類のオスは、どの種においてもどの世代においてもメスを支配します。ヒトの場合も、どの民族、どの文化においても、男のすぐれた闘争能力と政治力で、弱者で競争力の弱い女を支配し、従わせてきました。

旧約聖書の女性観は次のようなものです。第1は子産みの苦痛であり、第2は夫への従属である。キリスト教では、この2つの負担が女性に原罪として課せられているのです。

E・ショーターは、「エヴァがエデンの園から追放されて以来、女の性は女性にとり否定的概念であった。それは、女性が男性に劣るということを考えさせるような何ものかであったし、神の課した重荷であった。ただ男に忍従するだけの何ものかであった」と言います。ヨーロッパでは、有史以来、女性たちは、家長に服従することが当然の成り行きであると考えられていました。つまり、すべての男性は生まれながらにしてすべての女性に優越しているという公準が、政治的共同体内において、また家族制度の中に明瞭に示されていました。こうして、女性は生物学的にも、また宗教的戒律からも男性に従うように運命づけられてきました。

こういった、男性により抑圧されてきた女性の歴史をふり返り、男性と同等の権利が得られるように主張するのがフェミニズム運動です。

フェミニズム運動の定義は、「女性であるという理由だけでこうむる抑圧や差別を解消するための運動・理論」あるいは「女性の自由・平等・人権を求める運動・思想」となります。17世紀頃から、人権意識の高まりと連動して、女性差別解消の動きも活発になってきました。

1789年、万人の自由・平等・人権を謳ったはずのフランス革命の「人権宣言」の中では、「人間」の定義からなんと女性が排除されていました。国民公会は、男女平等にははっきりと反対を表明しています。「女性たちは、政治的諸権利を行使したり、政府の公務に参加することはできない。女性たちは政治結社や人民集会に参集し議論してはいけない。それぞれの性は、それぞれにふさわしい種類の仕事の枠の中に限定されており、その枠を踏み越えることはできない。なぜなら、自然がこうした限界を人間に課し、命令し、いかなる人間の法も受けつけないからである」と言っているのです。女性は人間とは認められていませんでした。

この宣言が起爆剤となり、フェミニストたちは、女性による近代自由主義理念の実現を課題とする、リベラル・フェミニズム運動を起こしました。

１７９１年に「女性と市民の権利宣言」を作製したフェミニストのオランプ・ド・グージュは、その第一条に「女性は自由なものとして生まれ、権利において男性と平等である」と謳いました。ところが、このような断固とした女性の権利の主張故に、グージュは「女性としての美徳を忘れた」という理由で裁判にかけられ、気の毒にも断頭台の露と消えたのです。まだまだ女性の人権を認める時代ではありませんでした。

フェミニストたちは、あらゆる社会制度と同じように、宗教組織にも強い女性蔑視があることを暴きだします。彼女たちはまず、キリスト教の根本である唯一の神が、強い男性的イメージなのに対し、イエスの母であるマリアが従順な処女というイメージであることに批判を展開しました。また、さまざまな宗教体制の男性中心的な組織に対しても批判を展開しました。たとえば、ローマ・カトリックでは、聖職者対一般信徒という分割が、男性対女性という分割を指し示しています。女性たちだけが一般信徒ではないとしても、聖職者は男性によって独占されているのです。ローマ・カトリックでは、聖職を務める男性たちには独身の義務が課せられていますが、これは女性に触れると聖なるものが汚されてしまうという考えからなのです。聖なるものに仕える司祭は、汚れを来さぬよう女性に触れてはならないのです。

19世紀も後半になると、男女間に存在する女性への抑圧差別は、自然の中に組み込まれているのではなく政治的に意図的になされているのだという主張が起こりました。つまり、男女平等という普遍的原理が肯定されているにもかかわらず、現実には男性と女性のあいだは、政治的に不平等なままであるというのです。フェミニストたちは、これに対して闘う集団運動を起こしました。

しかし、女性たちが要求する男女平等の原理は、女性が持つ現実的な差異（妊娠・出産）をそのままにして構築されました。故に、この原理は女性解放の闘争を不可能な選択に直面させます。すなわち、女性たちを政治的かつ社会的に、完全に男性と同等に認知することは、彼女たちが男性のようにならなければならないということを意味しました。ですが、社会組織は男性との相違点（母性とか子供の世話）を考慮しており、女性たちもその相違点については認められたいという要求をもっていました。そこで、この要求が女性に対し特例制度をつくることになり、女性たちは「不完全な男性」としての同化を余儀なくされるのです。

19世末のフェミニズム運動は、女性の参政権獲得や高等教育・専門職への進出といった、狭い範囲の問題だけを運動目標にしていたような印象がありますが、実際には、これらと並んで性の問題も大きな争点となっていました。女性に対して、ひたすら純潔と貞淑とを要求したヴィクトリア朝の社会は、一方ではかつてないほどに売春産業が栄え、梅毒や淋病などの性病が男を介して家庭にまで蔓延し、夫から妻への感染や先天性梅毒児の出生が問題となった社会でもありました。フェミニストのクリスタベル・パンカーストは、性病と性道徳を論じた論文の中で、男の75～80％は結婚前に性病の罹患経験があると言っています。参政権の獲得が重視されたのも、1つには、性のダブルスタンダード（※17）の改革が容易になると期待されたためでもありました。

また、ヴィクトリア時代のイギリスでは男よりも女の数が多く、1851年の国勢調査では、男1000人に対し女1042人の割合だったのが、1901年にはさらに女1068人にまで上昇し、そのため、結婚相手が得られない女性が少なくありませんでした。フェミニズム運動は、こうした「余り者」の女たちのために、教育や職業上の機会均等を求める運動という側面も持っていたようです。その結果、女性にとって経済的自立の可能性がひろがり、唯一の生きる道として結婚にすがりつかなくてもよくなり、それまでのような「いきおくれ」というイメージではない、新しい独身女性観が生まれてきました。あえて結婚や男との性関係を選ばない「新しい女」の生き方が、女性にとっての幸福な選択肢として、積極的に評価される雰囲気が出てきたのです。

後世になって、欧米のフェミニズム運動を2つの歴史的な波に区別し、この1860年代から1920年代にかけての、女性の選挙権要求を核としたフェミニズム運動を「第一波フェミニズム運動」と呼びます。

※17　性のダブルスタンダード＝同じ行動に対する規制や価値観が男女で異なること。

第一波フェミニズム運動の結果、女性に対して普通選挙権が認められたのは、フィンランドが最も早く1906年、フランスは1944年、スイスがもっとも遅く1971年でした（日本は1945年）。しかし、選挙権は得られても、女性たちが多数国会議員の地位に就くことはできませんでした。社会構造が、女性は男性に従うように構築されていたため、女性たちは政治的行動をする能力があるとは決して認められなかったのです。依然として女性たちには家庭が割り当てられ、男性は政治的権力を行使するというアンバランスが生じました。そしてこのアンバランスは、女性の身体の自然の本性にすり替えることで正当化されてしまいました。つまり、女という「性」が、公職には不適格だとされたのです。

19世紀末から20世紀初頭以来、女性たちはさまざまな職業、たとえば秘書、看護婦、小学校教師などに参入し始めましたが、それらの活動は、みな女にふさわしいといわれていた職種であり、医療や司法といった権威ある職業への参入は女性たちに禁じられていました。

1960年代後半に始まった「第二波フェミニズム運動」は「ネオフェミニズム」とも呼ばれ、ただ男女平等のみを要求する運動ではありませんでした。もちろん「第一波フェミニズム運動」が待望している、女性市民と女性労働者を「個人」として認めよという要求は引き続いています。しかし「第二波フェミニズム運動」は、これに、女性の「性」の自立という問題を、力をこめてつけ加えたのです。

いったい誰が女性の身体を管理する権力を持っているのか。国家なのか、教会なのか、医師なのか、家長（夫あるいは父）なのか、それとも女性自身なのか？　この問題は、決定的に重要です。なぜなら、女性の自立に関わる基本的な問題だからです。

性の解放の先触れとして、性改革の流れは、20世紀初めに国際的にきわめて活発になり、1960年代と70年代の活動でその頂点を迎えます。これは欧米で同時期に起こった、キリスト教支配による伝統的価値観や性の規律に対し、また、家庭内での男女の役割分担などに疑問を投じる運動、いわば「古き良き」社会規範全般を見直す運動が始まったことが大きく影響しています。この流れは、性の規範変革の原動力でした。男性同性愛と女性同性愛、婚前交渉、避妊などが、その認識のされ方においても、また現実においても変化しました。

フェミニズム運動の2つの波の間には40年の隔たりがありますが、その40年の間、女性解放のために何もなされなかったわけではありません。参政権など、政治的に、形式的にせよ男女平等が保障されているからには、次の一歩は、社会の中での実質的男女平等の実現をめざすことです。具体的には、第1に、本当に職場での男女平等が実現しているのかと問うこと。第2に、家庭での平等、より具体的には家事労働における夫の協力という形の平等が実現しているかと問うことです。問題の所在は家族にあるのです。「主婦」というあり方こそ問題なのです。第二波フェミニズムは、家事の分担を含めパーソナルな関係の中での男女平等を目指しました。そして、そこで「産む」という問題が焦点化されてきます。

仕事上で男と同等の権利を目指そうとすると、どうしても女が「産む性」であるという事実が立ちはだかってきます。男と対等に仕事をしようとすると、産む性であることがハンディになるのです。にもかかわらず、仕事を通しての自己実現をあきらめないでいると、妊娠・出産を断念しキャリア・ウーマンの途を突き進むか、仕事と出産・育児の両立という困難な途に入るかのどちらかになります。

そこで、次のような疑問が生じてきます。「孕み産む」ということは女性の女性たるゆえんであるのに、なぜそのことがハンディとして否定的に受け止められねばならないのか、それ自体どこかおかしいのではないか。男女平等という目標が、女性に対し女性性を否定することの上に成り立つとは倒錯ではないのかと。

こうして、第二波フェミニズムの中に、「女性性」とは「孕み産む」とイコールではない、という考えに基づいた男女平等をめざす方向性が生まれてきます。

「私たちは、子供がほしければ、ほしいときに望んだ子供を持つでしょう」をスローガンに、フェミニストたちは妊娠中絶する権利を正当化するために立ち上がりました。それは、ヤミの妊娠中絶に走る女性たちを脅かしていた、死の危険を排除したいという意志であり、女性の生殖に対する自立性を要求することでした。母性は女性の唯一の領分ではないとし、非母性の要求も（1960年代中頃から経口避妊薬ピルが入手可能になった）、積極的に表明しました。母親でないことは、もはや女性の欠陥ではないという主張です。

妊娠中絶は1970年代以降になってやっと、西ヨーロッパ諸国で法律により認めるようになりました。しかしながら、２、３の国ではまだ違法になることがあります。さらに、中絶を希望する女性たちは、医学的許可を得なければ中絶手術を受けることはできません。デンマーク、スウェーデン、オランダ以外の国では、医学的に認められない中絶手術は刑法に触れることになります。

１９７０年代以降、戦後西ドイツのフェミニズム運動も発展していきますが、運動を推進する代表者の一人、フェミニズム誌『エマ』の創刊者かつ編集長として有名なアリス・シュヴァルツァーは、１９７１年に堕胎禁止法の廃止を大々的にアピールしました。西ドイツでは、１８７１年の帝国刑法制定のときから堕胎が禁止されており、この是非をめぐって１９００年代から論争が続いていました。堕胎の問題は、女性が自分で自分の身体を管理する権利といえる一方、伝統的なキリスト教的モラルでは受け入れがたいという、欧米キリスト教社会では非常にデリケートな問題なのです。紆余曲折があって、結局ドイツ再統一後の１９９５年、新中絶法により、妊娠12週以内の中絶は認められることになりました。

19世紀から20世紀初頭のフェミニスト運動は、中産階級の知的エリート女性を中心に展開したため、フェミニストという呼び方にはブルジョワ的な匂いがありましたが、１９７０年以降のネオフェミニズムになると、あまりにも急進的（ラディカル）で、あまりにも男性に敵対的な女性が中心になり、フェミニストの持つ雰囲気が、闘う女性集団という感じに変化しました。ネオフェミニズム運動は、男性の「性」に対峙して、女性の「性」の解放運動のみに凝縮されてきた観があります。

フェミニズム運動は、理論的にも実際の活動という点でも、まだまだ整理されていない点が多く、色々な価値観やイデオロギーを反映させたフェミニズム理論が乱立しています。

リベラル・フェミニズム＝単純に女性の機会均等を訴える主義

ラディカルフェミニズム＝男性中心の社会から女性を解放する主義。たとえば「人間」というコトバに潜む男性中心性を問い直す主義

マルクス主義フェミニズム＝資本主義が女性抑圧の原因であるから、資本主義の解体を目指す主義

本質主義フェミニズム＝性差の生物学的背景を認めながら、女性が優越している点を強調する主義

実存主義フェミニズム＝シモーヌ・ド・ボーヴォアールの『第二の性』に代表される理論で、女性の他者性を分析していく主義

民族主義フェミニズム＝性差別と同じ範疇で人種差別について強調する主義

ポストモダンフェミニズム＝性差も階級差も人種差も、さらには個人差も大きいのだから、女性をひとくくりで論じるのではなく、もっと差異や多様性に目を向けようという主義

■日本のフェミニズム運動

日本を代表するフェミニストの一人、社会学者上野千鶴子によると、女性抑圧の諸悪の根源は、明治時代に始まった近代化にあるといいます。近代化が女性を生産労働から排除し、性的自由を奪い、家制度のもとに妻＝母として幽閉したというのです。家制度が明治新政府の発明品であると論証されて以来、女性が闘うべき敵は近代化であるというのですが、これは何か勘違いしていると言わざるを得ません。明治時代の生産労働はほとんど農業であり、女性の労働力は必須でしたし、結婚すれば性的自由を奪われるのはこれも当然です。家制度のもとに女性を幽閉したという意味がよくわかりません。なにか感情的なプロパガンダのように思います。

具体的に女性抑圧の内容、フェミニズム運動の発展を調べてみましょう。

日本の近代化には大きな節目が2度あります。1度目は日清・日露の両戦争から第一次世界大戦を経て、日本の資本制が成立する明治末期〜大正期の時代、もう1つの大きな節目は1960年代です。この2つの節目は、それぞれ第一波フェミニズムと第二波フェミニズムに対応しています。

第一波フェミニズムでは、フェミニストたちは、参政権、高等教育や専門職への進出、既婚女性の財産権や離婚における平等、売買春反対と性道徳の改善など、多様な局面で、女性の権利のために活発な運動をくりひろげました。彼女たちの果敢な戦いぶりは、しばしば揶揄も交えながら日本の新聞や雑誌によって伝えられ、20世紀初頭の『青鞜』（平塚らいてふ等が発行した女性問題を扱った月刊誌）をはじめとする、日本のフェミニズムの興隆に直接間接に影響を及ぼしました。

第二波フェミニズムは、日本の近代化が完成した１９６０年代に起こりました。というと、大方の人には奇異に聞こえるかもしれません。常識的には、日本の近代化は明治維新に既に始まっているからです。しかし、社会学者の中には、昭和35年を、長く続いた「昭和」という元号にかえて「高度成長元年」と呼ぶことがあります。この「高度成長元年」を境にして、その前後で日本の社会がドラマティックな変化をとげているのです。

たとえば、日本の労働人口のうち、サラリーマンが自営業者を上まわったのは１９６０年代初めです。高度成長期までは、近代化したと言いながら日本人の半数以上はまだ農業に従事し、家内生産様式の下で働いていました。また、近代化の指標の一つである人口の都市化率も、１９５０年代には37・５％だったのが、60年代は63・５％に達しています。この時期の核家族率は60・２％。しかも１９６０年を境にして、家族数の平均は５人近くから３人台（60年４・97人、70年３・69人）へと急速に低下していきます。女性の平均出生児数が２人を割るのも１９６０年代です。この時期には、核家族化のみならず、小家族化も成立しています。すなわち、１９６０年代以降、サラリーマン、都市、核家族、子供は２人までの、今日私たちが知っているような典型的な近代家族が成立したのです。

第二波フェミニズム運動は、１９７０年に第一回ウーマンリブ大会が東京で開催され、男女雇用機会均等法制定などに大きな役割を果たしました。避妊薬ピルが法的に規制されていて、自由に購入できないのは女性への抑圧であるとして、ピル解禁を政府に要求する「中ピ連」の活動も話題になりました。

１９６０年頃から、結婚した女性は、勤めていた会社を退職（寿退社）して、専業主婦として家庭に入る例が増加しました。一時期はそれが女性のあこがれのライフスタイルになったのです。

それに対し、心理学者小倉千加子は、専業主婦＝良妻賢母とフェミニズムは相容れないといいます。フェミニズムとは、専業主婦＝良妻賢母というあり方との闘いなのであり、専業主婦＝良妻賢母という生き方が女性の欲求、欲望に対して抑圧的であるというのです。彼女は、主婦の伝統的な仕事は「家事」「育児」「老人の世話」「病人の介護」であり、それは、孤立して拘束され、熟練を必要としない繰り返しの作業であり、価値がなく地位が低いことであると言い切っています。

上野千鶴子は、フェミニズムを女性だけの問題から、女と男の関係性の問題への方向転換をはかりました。彼女は、それによって、日本のフェミニズムに根深い母性主義の呪縛を解き放とうとしたのです。現代における女性差別の原因を、小倉千加子の指摘しているような性別役割分業家族に見いだして、家族の解体と再編にその解放戦略をおきました。「男と女の間の平等を達成するには、２通りの方法がある。一つは、女が男並みになることである。長い間、女性解放はこの路線で考えられてきた。だから、男女平等とは女が女らしさを失って男性化することと短絡的に考えられてきた。しかし、もう一つの方法は、逆に男が女並みになることで両性が平等になる方法だ。女はとっくに職場進出を果たして男社会の中に食い込んでいる。今度は男たちが家庭に戻ってくる番じゃないのか。男たちの側で、仕事と家庭の両立が問われるべきじゃないのだろうか」と言っています。

男女平等は、孕み産む女性に対して、産休・育児休暇制度を充実させると共に、夫が妻に協力してきちんと家事分担をするようになれば、問題解決が期待できるというわけです。夫の努力を望みます。

■妊娠中絶と堕胎の歴史

フェミニズム運動とは切っても切り離せない、妊娠中絶と堕胎の問題が、女性に対してどのような影響を与えたのかを、その歴史をひもときながら見てみましょう。

人類は、ほとんどその歴史のはじめから、あの手この手の工夫をこらして妊娠のコントロールをめざしてきました。呪術的な方法に始まる、あらゆる出産抑制法の原形を見ることができます。出産を未然に防げなかった場合には、子殺しや捨て子などの方法もとられました。原始的な避妊の手段は、おそらく故意に引き起こす流産とほとんど同じくらい古くから利用されていたものと考えられます。というのは、４０００年前のエジプトの古文書ペトリ・パピルスに、妊娠を避ける数々の手段が記されているからです。いずれにしても、流産と避妊は、人間社会でこれと同じく広く行われてきた嬰児殺しよりは進んだ手段といえるでしょう。

１６００年代になると、医学的または自然のメカニズムに基づく、２００種類以上の避妊および堕胎法が一般的に用いられるようになりました。膣外射精、中絶、嬰児殺しが人口調節機能を果たしました。エリザベス・セリエは、１６６０年から１６８０年の20年間に、１万３０００人もの嬰児が中絶されたといいます。

新生児を取り上げる産婆は、16、７世紀まで寡婦や老女の仕事でした。女王さえ、出産の時には産婆の老練な手に自分の大切な世継ぎを委ねたのです。産婆に対する報酬はありましたが、裕福というわけではありませんでした。産婆は一般的に半文盲で、独学、または３～４年の徒弟制度によって職業上の知識を得ていました。しかし、17世紀、18世紀になると、出産に関わる技術水準が高まり、ついに産科学や婦人科学の専門職が誕生します。それらはすべて男性によって占められ、男産婆と呼ばれました。一方、従来からの産婆術は女性によって継承され、基本的には貧者のための伝統技術であり続けたのです。

17世紀ころから、男産婆が産婆に混じって少しずつ見られるようになり、フランスで最初に男産婆を出産に携わらせたのは貴族でした。やがて中流階級がそれに続き、１７６０年代には、男産婆が一般的になっていきました。

男産婆は恒常的な存在となり、産婆の直接的競争相手になっていきました。そのうち、大学

男産婆の比喩図

（ロンダ・シービンガー『科学史から消された女たち』より）

教育を受けた男産婆は、産科医と呼ばれるようになります。解剖学という新科学が登場し、分娩のメカニズムの理解も始まり、鉗子の発達が分娩時間を短縮し、外科医や熟練医師が新しい技術を開発して、母子の死亡も防げるようになっていきました。しかし、彼らはそうした新知識を産婆に教えなかったので、男産婆の力は急速に産婆を凌いでいきました。彼女たちはたんに女であるという理由で、大学に通うことも、自分たちで医科大学を設立することもできなかったのです。

１８００年代になっても、ヨーロッパの多くの国では法律で堕胎を禁じていましたが、女性たちは自分で飲み薬や器具を用いたり、まわりの女たちの手を借りたり、熱い湯につかったり、高いところから飛び降りたり、市販の堕胎薬やヤミ堕胎師にたよったりして堕胎を試みます。第一次大戦前、ドイツの医師マックス・マルクーゼが労働者階級の女性１００人に対して行った調査によれば、40％の女性が、一度またはそれ以上の堕胎経験があることを認め、大半の女性は堕胎は必要だと答えていました。

１８４４年にゴム製のコンドームが開発され、技術的にも進歩しましたが、避妊具としては取りざたされず、既婚女性に対しても避妊の情報を指導する診療所はありませんでした。医療に携わる者は、概して避妊という考え方に反対だったし、政治家も避妊に反対したからです。

33歳で結婚9年目、子供が2人いて3回堕胎経験を持つ女性が語った資料が残っています。

「月のものが来なかったときは、いつも椅子や踏み台から飛び下り、とっても奥のほうまで石けん水を送り込みました。そうすれば、それから2ヶ月以内に堕ろすことができました」

また、47歳で2人の子持ちの女性は、ほかの女性の助けを借りて2度堕胎したといいます。

「夫の仕事仲間のつれあいが、自分は何時もそれでやっているといって、私にお茶を調合してくれました。彼女はもう5回もそれで流していたんです。私にもとっても良く効きました。お茶の中に何が入っていたのかは知りません。その人は自分だけの秘密にして、それでたんまりお金を儲けていました。町内の女全員が彼女の世話になったのですから」

当然、堕胎には母体の命の危険が伴います。それでも、あえてその危険を冒す女性があとをたちませんでした。避妊も妊娠中絶も認められていない時代に、女性自身の一存でできる堕胎は、たとえギリギリの選択であったにせよ、ともかく女性が自分の身体に対して最後の決定権を行使するたった一つの方法だったからです。このように、女性たちは命の危険を承知しながらも、堕胎を試みるしかなかったのです。それはキリスト教の厳しい戒律と、それに同調する政治的な拒否のためでした。同じ理由で避妊も否定されました。

それに対して敢然と立ち上がった女性たちがいます。「避妊」という言葉に対して、社会がまったく受け入れる土壌がない時代に、彼女たちは一体どのようにしてこれを認めさせていったのかを、荻野美保著『生殖の政治学』より引用して見てみます。

■マーガレット・サンガー

マーガレット・ヒギンズ、のちのサンガーは、1879年ニューヨークの隣町で、労働者の家庭に11人兄弟の6番目として生まれました。母親は持病の結核と、絶え間ない妊娠・出産のために衰弱し、11回目の出産のあと48歳で死亡します。母の死後、18歳で住み込み看護婦として訓練を受けていたとき、マーガレットは建築家と知り合い結婚し、息子2人、娘1人を出産します。それから彼女はイーストサイドの貧しい移民地区で訪問看護婦として働き始め、そこで彼女は次のような事態に直面します。

ユダヤ系移民であったサディ・サックスは28歳で、労働者の夫との間に3人の子供がありましたが、自力で堕胎を試みた結果、重い合併症を起こし、サンガーが3週間看護に当たっていました。もう一度妊娠すれば生命にかかわる状態であったサックス夫人が、勇気を奮い起こして医師にどうすれば妊娠を防げるかと尋ねたところ、医師は笑って「そんな都合のいい話はないよ。ひとつだけ、確実な方法を教えよう。夫に屋根の上で寝てくれるように頼むんだね」と答えて帰ってしまったのです。サンガーは彼女に何か良い方法を教えたかったのですが、彼女自身も正確な知識を持っていませんでした。それから3ヶ月後、サックス夫人は再度堕胎を試み、結果、サンガーが呼ばれて駆けつけてから10分後に、嘆き悲しむ夫と子供たちを残して亡くなったのです。

サックス夫人の死にうちひしがれたサンガーは、眠れぬ一夜をすごしたあと、自分がなすべき使命に目覚めました。「女たちは避妊についての知識をもたなければならないと私は決意した。彼女たちには、自分のからだについて知る当然の権利があるのだ。私はこれらの哀れな女性たちの人生を世界中に知らせよう。聞かせずにはおかない」

このエピソードは、スラム街の女たちのあいだにみられる多産と関連した高い死亡率、有効な避妊手段についての無知、これ以上妊娠するなといいながら避妊法を教えようとしない医師、その結果くり返される堕胎などの、悲劇的な状況を象徴的に伝えています。サンガーは、こうした事態を改善するために、彼女たちにバース・コントロール、すなわち避妊法の知識を普及させるべきだと主張したのです。

サンガーの運動の基本は、女が自分のからだを知り、それを管理できるようになることが、女の自由と解放のための絶対条件であるという考え方です。1914年、サンガーは『女反逆者』という労働者階級女性向け雑誌を創刊し、「バース・コントロール」という新しい用語を発案しました。そのころ欧米では、避妊を正面切って論じたり推進したりすることをはばかる空気が強く、この雑誌を出版したことでサンガーはコムストック法（※18）違反で逮捕されてしまいます。

裁判が始まる前に、サンガーは、具体的な避妊法についての解説書『家族制限』を1914年に出版して、ただひとりでイギリスへと亡命しました。『家族制限』は、左翼系ネットワークを通じて、1917年までに16万部が出回ったと言われます。サンガーは亡命先のイギリスで温かい歓迎を受け、性倒錯の研究で世界的に知られる性

※18　**コムストック法**

1873年、ニューヨークに住むアンソニー・コムストックが、YMCAの支援のもとに「猥褻で、みだらで、好色で、汚らわしい本、パンフレット、絵、新聞、手紙、印刷物、その他とともに、受胎を防止するか、または堕胎をひきおこすことを狙ったり、その目的に合わせたり、意図しているすべての記事もしくは品物を郵送することを禁じる」とした連邦法。

科学者、ハヴロック・エリスと出会います。

さらに、サンガーにもう一つ大きな影響をあたえたのは、1915年のオランダの避妊クリニック訪問です。オランダは避妊の普及にかけてはヨーロッパの先進国でした。オランダのマルサス同盟（※19）の医師J・ラトガースが中心になって、オランダ中に50カ所以上の避妊専門のクリニックが開かれ、産婆や看護婦たちが相談や指導に当たるシステムがつくられていました。

ラトガースは、彼女のために親切にクリニックを案内し、避妊用具の色々なペッサリー（避妊用子宮頸管キャップ）を見せ、その後数週間にわたり、ペッサリーを正しく処方するための検査や、挿入の実地訓練をしました。こうしてサンガーは避妊指導に自信をつけることができたのです。

サンガーは、1915年の秋、第一次世界大戦のただ中に、大西洋を渡って亡命から帰国し、1916年10月、ブルックリンの移民地区にアメリカ初の避妊クリニックを開設しました。彼女はこう呼びかけました。

「お母さんたち！　あなたは大家族を養ってゆくことができますか？　もっと子供が欲しいですか？　もし欲しくないなら、どうして子供を産むのですか？　殺すのではなく、生命を奪う

※19　マルサス同盟＝出生抑制のために避妊法を推進する主義者が、欧米を中心につくった同盟。

のではなく、予防しましょう。専門の看護婦が、安全で無害なやり方をお教えします」

サンガーは、このクリニックのために広く医師の協力を得ようとしますが、医学界は避妊に反対の立場であり、避妊の必要性を認めていた医師たちでさえ、サンガーのような「過激派」に協力するのは論外だと考えていました。そのため、クリニックはサンガーと、彼女の妹で看護婦であったエセル、さらにボランティアの女性の3人でスタートしました。そのような状況にもかかわらず、初日にはドアが開く前から女たちの長い列ができ、夜までに診察しきれないほどの患者が訪れました。

そうした状況が続いた9日後に、クリニックは再びコムストック法違反で警察の手入れを受け、記録が押収されてしまいました。妹エセルには30日間の懲役刑が宣告されました。エセルが、参政権運動で逮捕されたフェミニストたちにならって、ハンガーストライキを始めると、全米の新聞は、連日第一面でセンセーショナルに彼女の健康状態を報道しました。サンガー自身も、裁判長から出された妥協案や罰金刑を拒否して、あえて30日間の服役を選び、一ヶ月後に出所したときには、待ちかまえた支援者たちの歌う「ラ・マルセイエーズ」の中を凱旋しました。

この裁判騒ぎの最中の1917年、雑誌『バース・コントロール・レヴュー』が創刊され、サンガーはそこでコムストック法に対して、「これまで女たちはこの無慈悲な法律の犠牲者だった。女はおとなしく、男のつくった法の重荷を負い、自分自身のからだに対する権利さえ男たちの圧政にゆだねてきた。国家に対し、教会に対し、医師たちの沈黙に対し、過去のあらゆる制度に対し、今日の女は立ちあがる。女が自主的母性にたいする権利を確立するために法を破らねばならないのなら、法を破ろうではないか」と、声高々と宣言したのです。何とまあ胸のすくような啖呵です。

1923年、サンガーはニューヨークの5番街に、2度目のクリニックを開設し、「バース・コントロール臨床研究所」（BCCRB）という名称をつけました。

サンガーのこの新しいクリニックで診療と臨床研究にあたったのは、若手の女医ハンナ・ストーンです。彼女はサンガーと関係をもったことで、医学会から種々の嫌がらせを受けたのですが、それに動じることなく、最初の一年だけでも1600人以上の女性に避妊法を処方し、患者たちの詳細なデータを作製しました。1925年にサンガーが開いた、ニューヨークでの第六回新マルサス主義（※20）＝バース・コントロール国際会議では、1000人以上の医師が、ハンナ・ストーンの報告を聞くために集まりました。

全米婦人科学会会長のディキンソンは、幸福な結婚生活のために避妊は重要な要素であると考えており、1923年、彼は「母性保健委員会」（CMH）という組織をつくって臨床研究

※20　新マルサス主義＝人口増加を抑制する方法として、結婚年齢を延期するなどの道徳的抑制ではなく、産児制限を主張する思想。

にのりだします。その後、1924年に、サンガーとディキンソンは、富豪ジョン・D・ロックフェラー2世から1万ドルの寄付を獲得しました。それにはBCCRBで得られたデータをCMHに提供し、専門家の研究に協力するという条件がついていました。

かねてから医学界の支援を獲得するのに苦労していたサンガーは、この取り決めに同意します。これがきっかけとなって、ロックフェラーは以後彼女の重要なスポンサーになりました。

1929年4月、ニューヨーク市警察は、BCCRBクリニックに対し、コムストック法違反で3度目の手入れを行い、2名の医師を含むスタッフ8名を連行したばかりでなく、患者の医療記録まで押収していきました。これを、医師の権限に対する侵害と見なした医学界は、ニューヨーク州医学アカデミー会長をはじめとするお歴々が裁判でサンガーに有利な証言をし、結局市警側は訴えをとりさげて公式に謝罪する結果となりました。

その後、クリニックを視察した医学アカデミーの医師たちは、一部批判的な部分もあるにせよ、少なくとも、病気の治療目的のための避妊は必要であると、初めて、バース・コントロールを公式に認める報告をしたのです。

1936年、サンガー等は、ついにバース・コントロールをコムストック法に言う「猥褻」の対象外とすることに成功しました。ディキンソンは1930年からBCCRBの顧問となり、次第に彼女の崇拝者、擁護者となっていきます。

サンガーと現代とのつながりという点で忘れてはならないのは、経口避妊薬ピルの開発に、サンガーが一役かっていたということです。サンガーは、1951年にステロイドの研究者グレゴリー・ピンガスに資金援助をして、史上初めての経口ホルモン避妊薬「エノヴィド」を開発しました。1960年に米国食品医薬品局は正式にピル「エノヴィド」の発売を許可しました。

ピルは最初から医師たちの熱心な支持を受けました。それまでのペッサリーや、ゼリーや、コンドームといった「科学的思考からみるときまりの悪い」「ゴタゴタした代物」とは違って、この薬こそ科学研究の成果であり、簡単に処方でき、相当な利潤が期待できたからです。こうして、ピルはアメリカ国内だけでも発売から2年以内に120万人、1970年代には、世界中で約5000万人の女性が使用する避妊法となり、アメリカばかりでなく、世界の避妊地図を急速に書き変えてゆくことになりました。

■マリー・ストープス

マリー・ストープスは、1880年、スコットランドの上流家庭に生まれ、誕生してから12歳になるまで、家庭で母からきびしい英才教育を受けました。1902年に、優秀な成績で地質学と植物学の学位を取り、25歳でロンドン大学から博士号を得て、イギリスで最年少の理学博士となりました。

1911年、ストープスは、カナダの学会で知り合った植物学者と結婚しますが、夫は性的不能者でした。結婚して2年後、いつになっても自分が妊娠しないことを不審に思ったストープスは、性に関する文献を次々と読破し、初めて夫が不能であり、自分たちの結婚は性的には成就されていないことを知ったのです。学位を持った理学博士であるストープスでさえ、ヒトの生殖のしくみについてまったく無知なままで30数年を生きていたのです。女性が性について知ること、語ることにきわめて抑圧的であった当時の社会では、これはかならずしも例外的なケースではありませんでした。

ストープスは、その後夫と離婚し、1918年に再婚、43歳で待望の子供を得ることができました。理学博士であったストープスが、一転して性問題の専門家として脚光を浴びるようになったのは、1918年に出版した『結婚愛』という著作の結果です。彼女は、自分が性的に無知であったため、夫が不能者であることもわからずに2年間結婚生活を送ったのですが、その際に勉強した性についての知識を、同じく性的無知に苦しむ多くの人に提供して、人類の役に立てるべきだと考え、『結婚愛』を執筆したのです。ストープスはこの本の序文で、イギリスの多くの中流家庭の夫婦は、結婚生活にたいして深い失望をいだいていると指摘し、その原因は性生活の不一致だとしています。この不一致と不満を克服するためには、とりわけ男の側が、女の性のしくみについて正しく理解して、女性に性の歓びを与えなければいけないというのが彼女の主張であり、著書にはそのための具体的な情報と助言がもりこまれていました。

『結婚愛』は発売から2週間で2000部が売れ、ストープスは一夜にして名声と悪名を得ることになったのです。『結婚愛』は、第二次世界大戦までに100万部が売れて、全世界で日本語もふくめ13カ国語に翻訳されました。

出版直後から、ストープスのもとには続々と読者からの手紙が届きはじめました。中でも、避妊方法について教えて欲しいという依頼が非常に多く、そこでストープスは続編として、避妊をテーマにした『賢明な親』を出版しました。この本もまたベストセラーになりました。この本の中でストープスは、教会のいう神の法は、科学以前の時代の知恵にすぎず、今日ではむしろ科学こそがより神の法に近づきうる道であるとして、教会を批判し、科学的な避妊法の正当性を主張しています。

1921年、ストープスはロンドンの労働者地区に、イギリスでは初めての、貧しい女性たちに避妊サービスを提供する「母のクリニック」を開設しました。このクリニックは、こうした施設を利用した経験のない貧しい階級の女性たちが相談に訪れやすいよう、安心してくつろいだ気分で診察が受けられるように、さまざまな工夫がこらされました。相談と診察料は無料で、避妊用子宮頸管キャップと殺精子座薬に対してだけ、実費請求がありましたが、ストープスは貧しくてそれも払えない女性たちには、無料で器具をあたえるように指示していました。

1921年秋、英国国王の侍医のドーソン卿が、バーミンガムの教会会議で、「避妊がひろがりつつあるのは、国民の利己主義や道徳心の低下の結果ではなく、結婚や家族の幸福により関心がはらわれるようになったためである」として、公式にバース・コントロールへの支持を表明しました。そのことが、下品で猥褻で隠すべきものという、それまでのバース・コントロールのイメージを改善するのに大きく貢献したことは言うまでもありません。

１９２９年までにクリニックを訪れた女性たちの数は約一万人で、１９４５年までには４万３０００人に達したということです。ストープスは１９３０年代から40年代初めにかけて、さらに全国5カ所にクリニックを開設、また２つのキャラバン・クリニックを編成して、イングランドとウェールズの小さな町や村を巡回させました。彼女は世界中に自分のクリニックを持つことを夢見ており、実際に南アフリカ、オーストラリア、ニュージーランドに提携したクリニックが開設されました。

ストープスは、クリニックの開設に引き続いて、バース・コントロール運動を推進するために「建設的バース・コントロールと種の向上のための協会」を発足させました。

イギリスではその後各地に、労働者階級や下層の人々のための、ボランティアによる避妊クリニックが開設されるようになり、１９３０年までに13を数えます。コムストック法の存在するアメリカとは違って、イギリスには避妊法の指導を禁じる法律は存在しておらず、宗教界や保守的な人々からのいやがらせを別にすれば、クリニックを開くことに対する障害はなかったのです。

しかし、医学界の主流は、相変わらず道徳的な見地から、避妊は不自然だとか有害だと決めつけていました。ロンドン女子医学校校長のメアリー・シャーリーブも、「人工的避妊法が用いられなくなることがもっとも望ましいのは明らかです。これらを使用することには、なにか非常に不自然で胸の悪くなるようなところがあります。婚姻内の愛の特徴である歓びと自然さを本質的に破壊するものがあります」と述べています。こうした女性医師たちの態度は、バース・コントロールを支持するフェミニストたちを失望させ、ストープスやステラ・ブラウン（後述）は、彼女たちを「同性に対する裏切り者」と呼んで怒りをあらわにしています。

イギリスでは、ストープスと医学界の関係は最後まで好転しませんでした。それでも、１９２０年代半ば頃から、予防医学の立場から避妊の重要性を認め、専門家が責任を持ってこの研究に取り組むべきだと考える医師がしだいに増え、１９３０年代に入ると、医学界の大勢は、医師が自由に避妊の処方ができる方向へと転換していきました。現実に多くの人々が安全な避妊を求めているのが明らかである以上、医師たちは、好むと好まざるとにかかわらず、避妊を医療の領域に取り込まないわけにはいかなかったのです。

■ステラ・ブラウンとドラ・ラッセル

サンガーは、当初は堕胎を容認していましたが、彼女の運動に対して、上流階級の人々や医師など専門家から支援をとりつけ、社会的に認知されるために、バース・コントロールと堕胎は関係がないと言わなければなりませんでした。

サンガーの堕胎に対する態度の変化は戦略的必要性から生じたものだったとすれば、ストープスの場合は、最初からはっきりと堕胎に反対の意見を持っていました。彼女は、堕胎は自然にそむくものであると断言し、クリニックでも流産誘発のための情報提供は一切行いませんでした。しかし、堕胎を出産抑制のための選択肢から排除することは、女たちの現実からは大きく遊離しているといわねばなりません。多くの女たちにとって、最終的な出産を抑える手段はやはり堕胎だったのです。

当時の堕胎の状況は、1914年のマルサス同盟の見積りでは、イギリス国内で堕胎薬を飲む女性の数は年間10万人。全英医師会の推定では、流産のうち約20%は堕胎によるものとみています。1905年から1935年の30年間に、乳幼児死亡率は劇的に低下したにもかかわらず、妊産婦死亡率がいっこうに低下せず、むしろ1930年代にかけて上昇する傾向にあるのは、堕胎が失敗して敗血症などを起こし死亡するケースが増加したためと考えられています。アメリカでサンガーが調査した数字はさらに巨大で、1930年には、全妊娠の40%にあたる、100万件以上の中絶もしくは堕胎が行われ、そのうち30%がヤミ堕胎であり、その結果、3万人以上の女性が命を落としているという結果が出ています。

1990年代になっても、発展途上国では毎年1200万件の違法中絶が行われ、20万人の母親が死亡しているということです。

このような、ヤミ堕胎で命を落とす気の毒な女性を守るために、医師の中には、合法的に安全な中絶が受けられるようにすべきだと考える人がおり、フェミニストの一部にも、女が子供を産むか産まないかを決める権利を獲得して、自分の身体をほんとうに自分のものにしてゆくためには、避妊だけでなく中絶の合法化が不可欠であると主張する人々がいました。

フランシス・W・ステラ・ブラウンは、第一次世界大戦前からロンドンに住んで、共産主義者およびフェミニストとして活動していました。彼女は、当時のイギリスで唯一の避妊推進団体であるマルサス同盟に参加し、これを利用して避妊推進運動を行いました。

ブラウンは避妊と堕胎を切り離さず、どちらも女が自由に生きられるようになるための基本的権利として位置づけました。彼女は「自分自身の自由な意志で母になることを選んだり拒否したりできなければ、いかなる女にも平等や自決権をもたらすことはない」と述べているように、女の解放にとって、経済的自立だけでは充分でなく、性と生殖の面での自立性が保障されなければならないと考えていたのです。

また、ブラウンは1917年に開かれた人口とバース・コントロールに関するシンポジウムで、次のようにきわめて明確に中絶の権利を打ちだしています。

「女の権利のうちで妊娠中絶の権利ほど基本的なものはなく、またこれほど無視されてきたものもない。けれども中絶は妊娠後、最初の1ヶ月か2ヶ月のうちに行われるならば、知覚をそなえた生命が破壊されるわけではないし、手術が清潔で衛生的な環境のもとで、適切な技術と注意をもって行われるならば、母体にたいしてなんら有害な影響はあたえない」

このように、非常に早い時期から、はっきりと中絶を女性の権利として位置づけたブラウンは、バース・コントロール運動家の中では例外的な存在でした。しかし、多くの女性たちの実際の行動と感性という点からみれば、彼女の主張は女性の現実をもっとも誠実に反映したものでした。

1920年、革命後のソ連で中絶が自由化されましたが、イギリス共産党はまったくこれにとりあわないでいました。そこでブラウンは、1923年にイギリス共産党を離党し、各地で直接、労働者階級の女たちに語りかける運動を始めました。また、イギリス労働党でも、1920年代半ばから、党幹部の男性中心主義的な態度に幻滅を感じた、ドラ・ラッセル等の女性党員たちが同様の活動を開始しました。

ドラ・ラッセルは、上流家庭に生まれたフェミニストおよび過激派社会主義者です。夫のバートランド・ラッセルとは、互いに束縛しあわない「オープン・マリッジ」を実践していました。結婚制度を攻撃して性の自由を説いたドラ・ラッセルの著書は当時のベストセラーとなりました。1926年の労働党大会で、ラッセルはバース・コントロールそのものの是非を問うのではなく、各地の母子福祉センターで避妊指導を行う権限を認めさせる戦術に出ましたが、その結果1929年、女性の生命が危険にさらされている場合のみ、中絶が合法と認められるようになりました。

1936年、さらに合法的中絶の獲得をめざして、堕胎法改正協会（ALRA）が結成されました。ALRAの目的は、女がいかなる法的な制約をもうけることなく、自由に中絶を選べるようにすることです。しかし、合法的に行われれば、中絶手術はふつうの出産に比べて危険ではないというALRAの主張は、バーケット委員会（1937年に保健大臣によって設置された、堕胎と妊産婦死亡について調査する委員会）の同意を得ることはできませんでした。1939年に提出された同委員会の報告書は、現実に多くの堕胎が行われていることは認めたものの、医学会の意見に従って「中絶は生命と健康を害するおそれがある」とし、中絶の自由化を容認せず、中絶を行うかどうかの決定は医師の手にゆだねられるべきで、女に決定権をあたえるべきではないと述べ、もしも女が自由意志や経済的・社会的理由で中絶を受けられるようになれば、出生率の低下という憂慮すべき傾向がいっそう強められるだけでなく、「自堕落で不道徳な行いへの誘惑」を増大させることになるだろうとの危惧を表明しています。

この報告書で明らかなように、ファシズムが台頭し、ヨーロッパ全体が軍国主義へと傾斜してゆく中で、国家にとって重要だったのは、女性に対しては「産めよ増やせよ」であり、当の女性たち自身が出産に対してどのような意見をもっているかではなかったのです。

余談になりますが、コンドームの名前の起源を調べてみると、太古の昔より続く、病気の感染や望まない妊娠を避けるための知恵に感心させられます。古代エジプトでは、ワニの糞や蜂蜜を殺精子剤として使っていた記録が残っています。かつての中国では、水銀や鉛など、好ましくない鉱物が使われており、中世のバクダッドでは、ペッサリーとして、キャベツ、ザクロ、ゾウの糞などを使っていました。
現代のコンドームに近い鞘が現れたのは１５６４年、イタリアの解剖学者ガブリエロ・ファローピオの著書の中に出てくる、性病予防のためのリネン製（亜麻繊維の織物）の鞘です。続いて、17世紀のイングランドのダッドレー城の排泄物の調査で、ヒツジの腸でできた鞘が出土しました。18世紀には、著述家や日記作家といった人々が鞘をさりげなく「防具」と呼んでいました。カサノヴァ（ヴェネチア出身の術策家で、生涯に千人の女性とベッドを共にしたという）は、これを「イングリッシュ・オーバーコート」と呼び、これに対し英国人は「フレンチ・レター」と呼び返しました。

「コンドーム」と呼ばれるものが現れたのは１７０６年です。ベルハーヴェン卿が、有名な詩でこの言葉を使ったのです。１７１７年にダニエル・ターナーがこれにならい、この呼び名が定着します。その語源は、一部で言われているラテン語（condus＝容器）に由来するものではありません。コンドームという名の医師、または大佐がいたとする説もありますが、そんな人物は存在しません（英国国王チャールズⅡ世の侍医コンドームが王のために考案したという説もあります）。フランス南西部にあるコンドンが名の起源ではないかと調査されましたが、これも否定されました。ペルシャ語の kendu または kondu という、スコットランドのハギスにそっくりな、動物の腸でつくられた穀物貯蔵用の容器も、一番妥当な候補ですが、語源研究者の賛同は得られていません。残念ながらコンドームの言語的起源は謎のままです。

おお聖母マリア、われは信じる、罪を犯さず子を宿されたことを、
おお聖母マリア、いまもなお信じる、罪を犯して子を宿さぬことを教えたまえ

——バイロン

女性にとって結婚は有利なのか？　不利なのか？

■男女は同質ではない

女性にとって、結婚は有利か不利かを論ずるより先に、女は男と結婚したいのです（もちろん男もそうです）。男は配偶者防衛という、女を守るように行動する遺伝子に支配されています。男が持っているこの遺伝子のおかげで、女は、他の男に襲われることもなく安全に養ってもらえます。しかし、男のこの配偶者防衛という遺伝子がくせ者で、女を抑圧し、その自由を奪い、時として女に暴力をふるうこともあるのです。さらに、もう一つ厄介な問題がありま す。男の遺伝子の中にある性的二型（一夫多妻）指向です。大方の男は、どうしてもよその女に気持ちが揺らぎます。

この２つの問題が解決できれば、結婚は女にとって大いにプラスになるはずです。その問題を検討してみます。

厚労省の報告によると、男女の体重は11～12歳まで大きな性差はなく、これ以降男性が女性を越えて増加していきます。16～19歳の頃には、最高約10kgの差になり、そのまま終生約８kgの差（性的二型）が見られます。思春期を過ぎるころから、男女の性ホルモンの分泌が盛んになって、女性は女性ホルモン・エストロゲンが食欲を抑制するために体重が抑えられて、女性の体を男性より一回り小さく華奢な体形にします。一方、男性では男性ホルモン・テストステロンが食欲を促進させ、たんぱく質の摂取が増え、筋肉が発達して体重が増えていき、男性の体を強くたくましく成長させます。

このように、性ホルモンの相反する作用が進行する結果、男性は大きくたくましく、女性は若干小さくまろやかになり、体格及び運動能力に大きな性差が出現します。

この性差は、第１章で説明した脳の性的二型核が関与しています。なぜ思春期に一致して食欲や体重に性差が起こるのかについて、ラットによって調べた報告があります。思春期のオスラットは体重がメスラットの１・６～１・８倍あります。そこでオスラットを去勢すると、直ちに摂食量が減ります。少量の男性ホルモン・テストステロンを投与すると、摂食量が回復します。メスでは、卵巣を摘除すると摂食量が増加しますが、女性ホルモン・エストロゲンを投与すると摂食量が抑えられます。

このように、男性では男性ホルモンが食欲増進させ体重を増やしますが、女性ではその反対に女性ホルモンが食欲を抑制して体重増加を抑えます。性ホルモンが男と女ではまったく逆の作用をするのです。

その結果、男性は平均で20～30％女性より体重が重く、体力もほとんどの種目のスポーツで男性が優位です。陸上トラック競技の世界記録は、男性の記録が女性の記録より、つねに５～20％速い記録が示されています。マラソンは、体の大きさや腕力の強さがあまり影響しない種目ですが、それでも男女の差は13％に達しています。もちろん、女子のトップ選手たちは、多くの男子選手よりも上位の成績を示しますが、男女の平均記録、最高記録には、明らかな性差がみられます。

我々人類は思春期を迎え、やがてパートナー選びをする頃になると、お互いの体が、男性は強くたくましく、女性はやや小さくそしてやや弱く変化していくのです。

小倉千加子は、その女性心理を次のように書いています。

「中学2年になりますと、女の子の平均成績は男の子の平均成績よりも確実に低下していきます。これは、彼女たちが自分のエネルギーのほとんどを勉強に投入することをやめるからです。そして、そのエネルギーを自分の身体の管理に向けるのです。男の子と成績を競争していたエネルギーを自分の身体に向けることで、まわりにいる女の子との競争に勝てるんです。まわりの女の子に勝つということは、自分という植物をくみ敷いてくれる1匹の動物を手に入れることです。くみ敷かれることは、その男の子に対する女の子の敗北だけど、それは敗北ではないのです。なぜなら、まわりの女の子たちに勝利したからです。このように、屈折した優越感を目的としなければならないのが女子の思春期という時期なんです」

小倉は、女の男に対する恋愛感情を女の敗北ととらえているのですが、これは間違っています。なぜ自然に起こる男女の恋愛感情に勝ち負けの観念が入り込むのでしょうか？　恋愛は、人類が種を継いでいくための自然淘汰による行動なのです。この感情が起こらなければ、人類は滅んでしまいます。小倉は続けます。

「この世界で、女性に生まれるということは、動物に眺められる植物になるということです。そして自然のサイクルに身を任せて生きること。その運命に自己満足すること。そして動物によって味わわれることを受け入れること。そういう生き方をわれわれのおばあさんやひいおばあさんはずっとやってきました。まさに女はくだもの、男はけだもの。一字違いで大違いとは、このことです」（小倉千加子『女性の人生すごろく』）

やや自棄的な表現が気になりますが、まさに絶妙な一字違いです。

フェミニストたちは、前項で述べてきたとおり、男からの不条理な抑圧からの解放をねばり強く達成させてきました。その行動力には敬服します。しかし、現在のフェミニズムには、いかなることも男性と同等にしなければならないとする、脅迫観念のようなものを感じます。

フェミニストたちは、「妻を夫に縛りつけている隷属の原理によって、女性たちは権力からも力からも排除されている。自由と自立こそが、権力を握るための条件なのだが、この２つは男性の特権となっている。夫の権力下にある妻たちは、絶対に男性の権利と同等の権利を享受することができない」と主張しますが、この論理はどうも変です。そもそも、恋愛結婚というものは、自由な自分の意志で相手の拘束の中に飛び込んでいくものです。自分のことは二の次にしてでも相手のことを気遣うという心の動きが、恋愛というものなのです。夫は別に妻を縛りつけてなんかいません。配偶者防衛の本能で行動しているだけなのです。自由と自立こそが権力を得る条件と言いますが、自由と自立を望むのならば、結婚しないで自分一人でやればよいのです。

　また、権力を得るというのも理解しにくい言い回しです。経済的な権力という意味であれば、やはり実際に稼ぐ立場の夫が強いでしょう。妻は稼ぐ立場にないわけですから、それをいいことにして女性の自由を抑圧するのは、男のエゴイズムです。これは当然改善する必要があります。しかし、女性は出産という財産を持っています。この財産の大きさには男がどんなに頑張っても太刀打ちできません。

　出産という財産を生物学的に説明すると、トリヴァースのいう親の子に対する投資ということになるでしょう。女性は自分の体内で胎児を育て、生まれた子供に乳を与え、子の養育という重荷をしょい込むのです。雌性とは搾取される性であり、卵子の方が精子より8万5千倍も大きいという事実が、この搾取される性を生み出した、基本的な進化論的根拠というわけです。

　長谷川真理子は、従来から女はこうあるべきというさまざまな価値観は、文化の中に根深く入り込んでいるが、そのような価値観の根拠は、生産手段を持たない女性が生活全般にわたって夫の援助を受け、夫はそのかわり妻の性行動のみならず生活行動全般をコントロールする。結婚前の家庭もそのようなコントロールに服しやすい女性をつくりあげることを理想とするというところにあった。そしてこれらの価値観が築かれてきた時代には、女性の人権とか、男女平等の概念も個人の自由の概念もなかった。しかし、この百数十年の変化は、これらの根拠を徐々に崩してきたといいます。

女性の人権や男女平等も個人の自由も大切です。これらが達成に近づいているのは嬉しいことです。しかし忘れてはいけないのは、この中で、女性の出産という莫大な財産のことに触れていないことです。もちろん、避妊法が確立する以前には、却ってこの財産が女性にとって「お荷物」だった時代もありました。しかし現在、計画出産の時代はそうではありません。この出産能力こそが女性の権力そのものなのです。

フェミニストの結婚観は、男性も女性も自立していることを前提にします。自立した人間同士の結びつきが可能であり、それどころか、そういう人間同士の間でこそ、より良い関係が構築できるとする個人主義的な考えです。しかしこれは、若干無理のある、どこか理想主義的で観念的な前提です。女性が経済的に自立することを重視しすぎると、結婚から離れていく危険があります。女性は妊娠出産という大きな財産を持って結婚するのですから、経済的な負担はほとんど男性に任せても、お互いのパワーバランスは釣り合いが取れているのです。男性には配偶者防衛という本能があるのですから、経済的な面はそれに任せておけばよいのです。女性が、経済的に自立するまで結婚しないという態度でこれに固執することは、自分で自分の首を絞めることになるのではないでしょうか。

人間はその弱さの故にこそ、配偶者を求めることになるのでしょう。自分自身の孤独感をいやしてくれる相手を求めるのが自然な感情です。自立した人間同士が結びつくという理念は立派ですが、現実にはそんな立派な人間ばかりではありません。お互いの弱さの故にこそ、求め合うような関係が大半なのです。

■相手に対する気持ちの男女差

ドイツの哲学者フィヒテの結婚論は、性行為に対する男女間の精神的な違いを前面に押し出します。フィヒテによれば、男性は能動的に性の欲望を充足させ、女性はそれを受動的に受け入れる。つまり、男性は本来的に性欲の担い手であり、その愛は「一人の愛する女性との結合によって初めて達成する欲望」にすぎない。これに対し、女性の愛は「あらゆる自然的欲望の中で最も高貴なもので、女性にのみ生得的」であるといいます。

「女性の中に住むのは性欲ではなく愛であり、この愛とは一人の男性を満足させるための女性の自然的欲望」である。女性の愛は「他者への自己投棄」であり、男性の欲望が充足されればそれによって女性は自らの心の充足を得る。したがって女性の欲求は「愛しかつ愛されること」に尽くされるというのです。

この、自然的欲望の中で最も高貴な女性の恋愛感情について、科学的に研究をした報告があります。

マックス・プランク研究所のアンドレアス・バーテルズと、ロンドン大学ユニバーシティカレッジのセミール・ゼキは、恋愛中のカップルの体内で活性化される神経メカニズムを研究し、母子間の愛着の形態においてもこれと同じ神経領域が働いているとの仮説を立てました。

考えてみれば、この2つの愛着関係はどちらにも進化上のメリットがあります。恋愛関係は種を永続させ、母子間の愛着は種の生存を確実にするからです。

母親に自分の子供の写真を見せると、fMRI（※21）の画像上で快感と報酬感を司る脳の領域が明るく光りました。しかもその光り方は、知り合いの子供の写真を見たときの反応とは明らかに異なっているのです。こうした母性的感情によって活性化する脳の領域は、2人が以前に見つけた、恋愛感情によって活性化される領域とかなりの部分が重なっていたのです。つまり、恋人同士の絆と母子の絆は、脳の同じ領域での神経接合やホルモン結合部位を共有しているというわけです。

バーテルズとゼキは、この愛着ネットワークの重複する部分には、オキシトシン（※22）やバゾプレッシン（※23）などのホルモンの受容体が多数存在するのではないかと予測しました。はたせるかな、愛着にとって重要なこれらの領域は、ホルモン受容体の密度が高いだけで

※21　fMRI＝ファンクショナルMRI＝機能的磁気共鳴映像法。ヒトの脳の活動に関連した血流動態反応を視覚化する方法。

※22　オキシトシン＝女性の子宮や乳腺を収縮させるホルモンだが、オキシトシンがドーパミン神経を介して男性の陰茎勃起作用を誘発する。

※23　バゾプレッシン＝脳下垂体後葉から分泌される抗利尿血圧上昇ホルモンだが、このホルモンには、子供や妻に愛情を注ぐ「愛着作用」があるらしい。

なく、これらの領域を刺激すると、愛情の対象についての否定的な感情や判断が抑制されることが突き止められました。恋は女性を盲目にするといいますが、それはここで働いている種々のホルモンの成せる仕業だったのです。

しかし、なぜか男性についてこの愛着ネットワーク部分でのホルモン活性について調べた報告はありません

今日まで、多くの女性は、自分と一人の男性パートナーとの関係が本来の自分であることを体験しています。つまり、女性は他者との結合と他者への依存の中で生きているのです。女性はその2つを土台にして自己を築き、発展させていくのです。女性の気持ちは、パートナーと良い関係をつくり、それを維持していける状態にあるときには、あらゆる面で生き生きしています。逆にその関係がこわれそうになる危機は、女性にとって一つの関係の喪失にとどまらず、全人生を喪失してしまう危機になってしまうのです。

上野千鶴子は「恋愛結婚」とは、娘が「父親の支配」から逃れて「夫の支配」の下に、何の後ろ盾もなしに身を委ねることを意味するといいます。家父長制下の娘が父の支配を脱するには、巨大な遠心力を必要とします。恋愛の狂おしいエネルギーは、父親の支配の重力圏から、夫の支配の下への自発的な自己放棄を実現します。恋愛結婚の情熱は娘にその強大なエネルギーを与えますが、それによって、娘は父親の庇護を失うことになります。父権と夫権とは競合状態にありますから、夫にとっては、父親の介入がないことほど都合のよいことはありませ

ん。「恋愛」とは、女が「父の支配」から「夫の支配」へと自発的に移行するための爆発的なエネルギーのことだといってよいかもしれないというわけです。

上野はさらに、夫婦同姓が家父長制に分かちがたく結びついていることを知れば、夫と同じ姓をいそいそ名乗りたがる娘たちの心理は不可解であるが、姓を変えたい娘たちの方にも言い分があるといいます。多くの娘たちにとって、結婚は父親の管理から抜け出す千載一遇のチャンスなのです。父親の権力の下で、もっとも弱い立場におかれている娘が、それから離脱する夢に誘われて、実家との絆を簡単に断ち切る。事実、自分からすすんで姓を変えることを選んだ女たちの多くが「自分の生まれた家族が嫌いだったから、自分の姓を変えたのよ」といいます。男たちは結婚を自分の生まれた家族を捨てる機会とはとらえていないのだから、この結婚観はもっぱら女にだけ特徴的なものであると主張するのです。

たしかに男の場合は、婿養子という特殊な場合しか妻の姓に変更することはないので、結婚して姓が変わる気持ちについて考えたことはありませんでした。しかしこの問題も、やはり生物学的な女性の性向によるものでしょう。フィヒテが言うように、愛する男性が喜んでくれればそれが自分の喜びであるという「女性の自己投棄」行動によるものと考えます。

■女性の結婚観

男性は、結婚しても、職業を変えたり退職したりすることがほとんどないので、生活自体は大きく変わりません。一方、女性は結婚すると、家庭生活や夫との関係が主となり、結婚前に勤めていた会社を退職して専業主婦となることもあります。この場合、妻の人生の目標は、家事・育児・家族への心づかいに専心することよって、夫や子供を通して満足感や幸福感を得ることになります。そうであるならば、女性が結婚に際し、男性に多くを望むのは当然のことです。夫にとって結婚が、「人生の一部」であるのに対し、妻、特に専業主婦にとって結婚は「人生のほとんど」なのです。このように説明されると、女性が割を食っているように見えますが、これも、恋した女性に自然に起こる生物学的な「女性の自己投棄」行動であり、夫が強制的に妻を家庭に閉じこめるのではなく、女性自らがその立場を選択しているのです。

１９９６年、共稼ぎ家族研究所の報告によれば、夫婦の家計費の分担割合によって、夫婦関係が異なるといいます。妻の家計費の分担割合が夫と同程度である妻は、結婚のメリットをやや少なくとらえています。結婚生活に充実感はあるが、ストレスや疲労感が高く、「家事・育児と仕事をあわせた労働時間は、夫婦はほぼ同じでなければ不平等である」と考える割合が高いようです。望ましい配偶者像では、「家事ができる」「自分を束縛しない」「異性として魅力がある」「自分にない性格を持つ」など、家事能力や人間的魅力が重視されています。しかし、家計費を分担できない妻は、望ましい配偶者の条件として、「収入に安定性がある」「収入が高い」「資産がある」など経済力を重点におきます。

女性が一定の経済力を持つようになると、男性に経済力以外の人間的な資質を求めるようになっていきます。さらに、主に妻の方が家計を担っている場合は、個人の生活を大事にしたいと考える女性がもっとも多く、「夫婦といえども他人、自立を心がけるべきだ」という平等意識や、自立意識が非常に強くなります。また、結婚によってどのような不都合が生じたかとの質問に対して、「やりたいことが自由にできない」「家事・育児の負担が重い」「配偶者への配慮や気兼ねが多い」「仕事がしにくくなった」など、すべての項目で、収入が多い妻は収入のない妻に比べ、不満の高さが顕著です。経済力を持った女性は、結婚による個の束縛をより強く感じているのです。

これは男女の性分化のところで述べましたが、男性と女性はきれいに２つのグループに分かれているのではなく、その中間に男らしい女から女らしい男まで、なだらかなすそ野を描いて変化しています。男らしい女は男性的な競争社会での活動が向いているし、逆に女らしい男は家庭的な優しさを表します。ですから、男はこうあるべきだとか、女はそんなことをしてはいけないというのは、間違いです。好きになった男女同士の考えで、お互いの分担を決めればよいのです。

高学歴の女性ほど、「結婚しても自分だけの目標を持つべきだ」との意見を支持し、伝統的性別分業から、夫婦対等の協同家族への指向が強くなります。結婚出産にかかわらず、自分の人生を生きるという個人化への志向は無視できないし、このような母親は「子供は自分の分身」とする感情は弱くなり、子供を自分と別個な存在と見るようになっています。

夫婦対等意識もそうで、高学歴であるほど、夫婦は平等であるべきだと考える志向が強くなります。これらは女性の社会進出や、高学歴化という、女性を取り巻く社会状況の変化の中で、結婚をめぐる価値の変化、つまり性役割観の変化が日本の中で確実に起こりつつあることを示唆しています。これも同じ、男性的な女性の考え方ということでしょう。

■離婚は女性にとって不利だ

ところで、実際に行なわれている日本での結婚は、多くの場合経済力や諸々の力を持った男と、それに比べて力不足の女が結婚するものです。そして結婚したが最後、そこから逃げがたい構造が生まれてきます。結婚したら、女は、社会人や職業人として一人前でなくてもいいということになってしまい、それになじんでしまうと、なかなか独り立ちすることが難しい、そういう力学が働きます。結婚は、男が社会に出て働き、女は出産するという、男女の役割に大きな差をつける制度なのです。ですが、男が社会で働くことに誰も異論は唱えなくとも、女は出産することが仕事であるというと、異論百出します。何故でしょうか？　生物学的に考えれば至極当然のことが、フェミニストや進歩的文化人にはカチンと頭にくるようです。われわれ人間も、霊長類も、遺伝子の98％は同じです。時には、われわれが忘れかけている動物としての生き方を霊長類から学ぶことも有用です。

結婚が、多くの女性にとって生活保障の手段であるという考え方もあります。離婚するとなると、経済的な意味での生活保障だけでなく、社会的な存在としての保障（誰々さんではなく、誰々さんの奥さんと呼ばれることなど）を失うことへの恐れが大きくて、一旦はまった制度から出にくくなります。独り立ちする努力が不要な生活を長年続けてきたことと引き替えに、離婚した場合、男性より女性が失うもののほうが大きいのが結婚制度ではないでしょうか。

評論家伏見憲明は、本来の結婚制度が生活保障のためならば、愛情を持ち込むのが間違いだったのかもしれない。しかし恋愛結婚が、結婚の主流になっている時代に生きている私たちは、恋愛結婚制度に生活保障と愛情保障の両方を求めてしまうことになると言います。

この意見も間違っています。結婚するきっかけは、お互いが惹かれ合ったからであり、以前に見られたような無理矢理引き合わされて見合い結婚したのではないのです。恋愛結婚は女性の生活保障ではありません。愛し合う男女が協力して子供を育て家族を育む制度です。もちろん、それにより妻は夫から配偶者防衛という経済的な恩恵を受けることになりますが、これは男の本能です。妻にとって、独り立ちする努力など最初から必要ないことです。妻は、夫には絶対にできない出産という大きな持参金を持っているのですから、経済的なことは夫をもり立てて、頼っていればいいのです。

しかし、現実には離婚が増加しています。民法では「離婚の際は財産分与の請求ができる」とされていますが、罰則規定はありません。協議離婚者のうち、慰謝料も含めて夫が妻に財産分与をしているのは約半数。残りの半数は慰謝料ゼロなのです。分与された半数も、その平均額は2、3百万円にもならないというお粗末なものです。家裁の調停に出しても、妻の家事貢献度など大して評価されません。日本では協議離婚が圧倒的に多いのですが、西欧諸国では裁判離婚が原則であり、特に子供のいる夫婦の離婚で協議離婚を認めている先進国は日本以外には見当たりません。また、子供の養育費の取り決めが無くても離婚届を受理する国は日本だけなのです。これが、女性主導と言われる離婚時代の現実なのです。これではいけません。離婚の原因は色々だと思いますが、ほとんどは夫に非があります。2人で築いた財産の8割以上を（子供の養育費を考慮すれば）妻に渡すくらいは当然ではないでしょうか。西欧諸国の例を参考にして法律専門家による改善を期待します。

■ヒトはなぜ浮気をするのか

1人の男性が一生の間に残した子供の最大数は、モロッコの皇帝ムーレイ・イスマイリによる888人です。それに対応する女性側の記録は69人です。これは19世紀モスクワに住んでいた女性で、彼女は3つ子ばかり専門に産んでいました。子供を20人以上持つ女性はめったにいませんが、一夫多妻の社会では、そういう男性はたくさんいます。

心理学の国際コンソーシアムが、先頃、ある調査を発表しました。東西ヨーロッパ、南北アメリカ、アフリカ、オーストラリア、アジア、日本など、世界52カ国のあらゆる文化、宗教に属する男女16000人を対象として比較調査したところ、性的関心には普遍的な性差があることがわかりました。『今後１ヶ月間に２人以上のセックスパートナーがほしいか？』と尋ねたところ、男性は25％以上の人がイエスと答えたのに対し、女性はイエスと答えた人は５％以下でした。

研究者たちが出した結論は、世界中の男性は、女性に比べて、より多くの性的パートナーを求めているということです。当たり前のことを確認のために調査したのでしょう。前項で調べたように、男性は性的二型（一夫多妻）の遺伝子に支配されているため、当然この傾向が現れます。これは男性の持つ生物学的な宿命なのです。

アメリカの中産階級の夫婦に、結婚外の性交渉を持ったことがあるかどうか尋ねたところ、男性の20％があると答えたのに対し、女性であると答えた人は半分の10％でした。また、将来そのような交渉を持ちたいと思うかという質問に対しては、男性の48％が持ちたいと答えたのに対して、女性でそう答えた人は５％しかありませんでした。同じく、ドイツの労働者階級の若者に、決まった恋人以外の相手と性交渉を持ったことがあるかを尋ねたところ、男性の46％があると答えたのに対し、女性であると答えた人は６％しかありませんでした。女性の答えには、女性の社会的な立場からくるバイアスがかかっている可能性があると思いますが、女性の浮気の期待度は男性の10分の１くらいということです。これも、女性の精子間競争（複数のオスを受け入れる）の遺伝子が関係している結果かもしれません。

前述のキブツでは、何から何まで男女平等で共同生活が行われ、女性にも男性と同様、兵役の義務があります。避妊用具も簡単に手に入り、性教育も早くから行われています。このような、男女の価値観も行動も同等である教育をしている社会の青年たちに、結婚外の性交渉を持ちたいかという質問をしたところ、男性の40%が持ちたいと答えたのに対し、女性でそう答えたのは10%でした。こうしてみると、徹底して男女平等の教育をしても、浮気願望は圧倒的に男性に強く現れることがわかります。

世界中の様々な性文化における、男と女の違いを比較した研究からは、次のような結果が得られています。男性のほうが女性より、婚外セックスに興味があるということです。男性は、セックスに変化をつけたいというだけの理由で何人もの性の相手を欲しがるが、女性が婚外セックスを求める理由は、たいてい結婚に不満足（たとえば夫が年寄りだから）であるか、新しい相手と長続きする関係に入りたいからなのです。

浮気に関しての研究は重要なテーマですが、正確な科学的情報を集めるのが難しい分野です。１９４０年代、アメリカの高名な病院で、１０００人の新生児とその両親の血液型を調べ、親子関係について調べた博士がいました。その結果、驚いたことに、およそ10%の新生児は夫婦間に生まれた子供ではないことが判明したのです。現在父親確認の検査に使われている血液型物質の多くは、１９４０年代にはまだ実用化されていませんでしたし、この時代のアメリカでは、性についての研究はほとんどタブーと言ってよいくらいでした。故に博士は沈黙を守ることを決め、この結果を発表しませんでした。

しかし、彼が得た結論は、その後に行われたいくつかの同様な研究で再確認され、それらの結果は公表されています。それによると、アメリカとイギリスでは、およそ5～30％の赤ん坊が、妻の婚外セックスの結果できた子供のようです。ヒトにおいて婚外セックスは、男性も女性も通常の結婚につきものの、よくある例外的行為といえます。夫婦はまさに、お互い「知らぬが仏」の関係が良いということでしょうか。男性の性的二型も女性の精子間競争も、遺伝子によって支配されている行動ですから、文句を言ってもそう簡単には治らないことと思います。

サラ・ブラファー・フルディは、人類の性のパラドックスとして、性的二型を持つ男の体型、さらにオルガズムに達した後、一時的に不能状態に陥る男と、何度でもオルガズムに達する女との不釣り合いな縁組みは、ヒトが完全な単婚的脈絡で進化したと考えるには、若干無理がある、すなわち、男は小さなハーレムが望みで、女は乱婚が望みということだと主張しています。生物学的にみれば、やはりそうなるのでしょう。

１９４８年のアルフレッド・キンゼイによる報告と、１９８０年秋のコスモポリタン誌の調査によって、30年間に女性たちの性行動がどれくらい変化したかを考えてみると、キンゼイ報告では、15歳までに性交渉を持った女性は３％、また既婚女性で婚外セックスがある者は24歳までで８％、35歳までで20％でした。それに対して、１９８０年のコスモポリタン誌では、15歳までに性交渉を持った女性は20％、35歳までの既婚女性では50％が婚外セックスを行っており、35歳以上の既婚女性では、ほぼ70％が婚外セックスを行っているそうです。

この30年間で起こった最も顕著な変化は、女性が持つ愛人の数です。30％の女性が２人から５人の、10％の女性は25人以上の愛人を持ったことがあると答えているそうです。また、１９９４年の『エコノミスト』誌に、18歳以降の性パートナー数の調査結果がありました。１人だけ＝男20％、女30％、２～４人＝男21％、女32％、５～10人＝男22％、女20％、10～20人＝男17％、女５％、21人以上＝男17％、女３％ということです。愛人の数が10人までは男女ほぼ同じ割合で、愛人10人以上になると圧倒的に男性が多くなります。これも遺伝子に導かれている結果と理解できます。

ヒトは何故浮気をするのか？　それは遺伝子に支配されている故に起こる行動であり、いわば「本能」と言えるでしょう。

ところで、世界の民族の中には、結婚の男女関係が逆転している民族があります。オーストラリアの原住民のティウイ族は、男性は狩猟、女性は植物性食物の採集で暮らしています。ところが、狩猟という仕事はきわめて予測が立たないもので、男たちが食物を持って帰ってくるかどうかは、まったくあてになりません。ティウイの人々は基本的に、女たちが毎日確実に集めてくる植物食で生活が成り立っているのです。そんな生活ですから、当然、母親を中心とする女性のネットワークが重要な存在となります。女性はもちろん結婚して夫を持ち、子供を産み、夫の援助も受けますが、妻にとって重要なのは妻の実家の女性たちの援助です。夫はあまり権力がなく、あてにされないのです。こういった社会で、妻は夫以外の恋人をキープしておくことがしばしば見られます。

18世紀末、ドイツの農村繊維工業の発展過程において、現金を手にした女性はたばこを吸い、酒を飲み、トランプ遊びをし、男と同じように居酒屋に出入りをする、といった報告が、多くの地方から出されています。ラーヴェンスベルク地方の牧師シュヴァーガーは、女性の性行動について、「こうした人々の多くにあっては、男は内気で女が婿探しをする。娘は、自分のベッドへ若者を誘ってもやってこない場合には、娘の方が若者のベッドを訪れる」と書いています。これらは、男性的な女性たちの典型的な例といえますが、これだけ男女の性的な行動が逆転するということは、生物学的な性向もさることながら、むしろ、その地域の文化の影響を強く受けていると考えざるをえません。しかし、このような例は非常に稀なことです。

■進化論的に望ましい男女の性向

リチャード・ドーキンスは、著書『利己的な遺伝子』の中で、ヒトの性指向に対しておもしろい進化論を述べています。

ヒトの性指向には、盲目的かつ無意識的な行動があり、これを戦略という言葉で表します。女には「はじらい戦略」と「尻軽戦略」があり、男には「誠実戦略」と「浮気戦略」がありま す。はじらい型の女は、男が数週間にわたる長くて高価な求愛を完了しなければ、彼とセックスしません。尻軽型の女は、誰とでもセックスします。誠実型の男は、長時間求愛を続ける忍耐力があり、セックス後も女のもとに留まって子育てを助けます。浮気型の男は、女が直ちにセックスに応じなければたちまちしびれを切らして、その女を捨てて別の女を求めて去ってしまいます。

この四種類の性指向のヒトの集団が進化して、各々その遺伝子を次世代に伝えていくためには、女の6分の5がはじらい型で、男の8分の5が誠実型の集団が進化的に安定であるとの結果が出たのです。ここでの男女各々二型は、必ずしも2種類の性指向の男と女がいると考えなくてもよく、個々の男が8分の5時間は誠実型で、残りの時間は浮気型として過ごし、女の方も6分の5時間ははじらい型、残りを尻軽型として過ごすなら、進化的に安定した戦略が達成されるというのです。つまり、はじらい型の女と誠実型の男が大半を占めるような集団が、進化しうる可能性が大きいのです。「はじらい」という性格自体が、女性の進化に実際に利益をもたらすとR・ドーキンスは言います。

この理論を実際に適用すると、家庭第一の男を選ぶ戦略を女が実際に行使する方法は色々あります。たとえば、彼女のための家を男が完成しないうちは、あるいは少なくとも男が家づくりを始めないうちは、その男とのセックスを拒否するなどです。

動物の世界ではこの理論が実践されています。たとえば、多くの単婚型の鳥では、オスが巣を完成させるまでは交尾は起こりません。その結果、オスは受精の時点において、すでに充分な投資を子供に加えたことになり、メスは安心して卵を産めるのです。

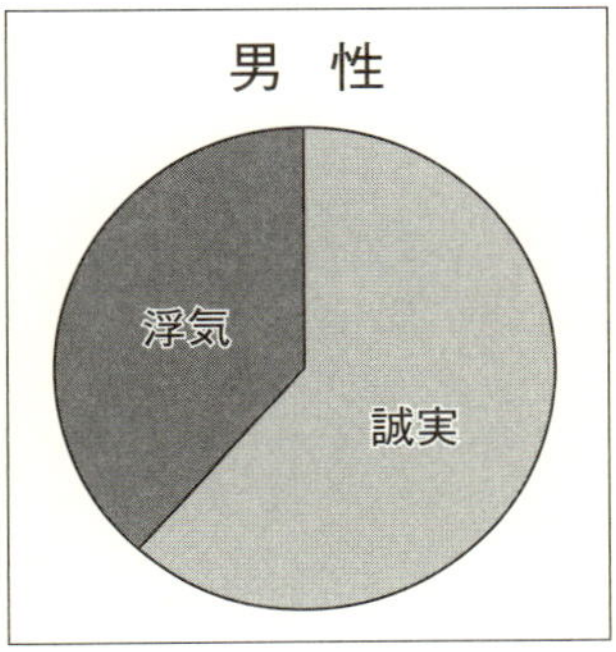

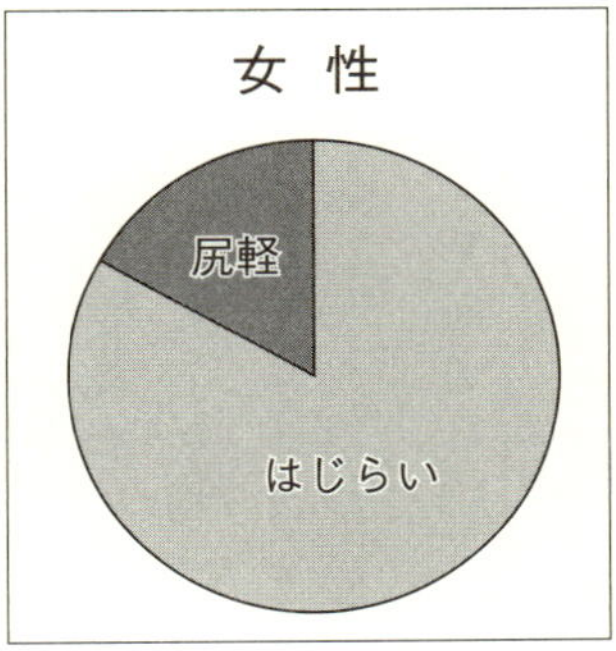

進化的に安定した男女の性向
（リチャード・ドーキンス『利己的な遺伝子』より）

男性が、将来にわたって誠実さを守ることを証明しないうちは、女性は純潔を守るべきだという意見は、常識的に受け容れられやすい考えです。女性が、たくましい男性よりも家庭第一の男性を選ぶということです。ということは、女性は野心家で競争心の強い男性ではなく、やさしいがあまり発展性のない男性を選ぶということにもなり、伴侶として物足りなさが生まれます。

そう考えると、性的二型の明らかな男性を選ぶか、または胎児期の男性ホルモンシャワーの少なかった男性を選ぶか、自分を幸せにしてくれる男性はどちらのタイプなのか？　女性は、この点を慎重に考慮してパートナーを選べば、安定した結婚生活を送ることができるというわけです。

■女性にとって結婚は有利か

現代において、ほとんどの人間社会は一夫一婦制をとっています。その一方で、乱婚的な社会もあるし、ハーレム制の社会もあります。このような多様性は、人間の生活様式が、遺伝子ではなくむしろ各々の文化によって大幅に決定されていることを示唆しているのだと、R・ドーキンスはいいます。そうであっても、進化論的立場に基づいた考えでは、男は一般的に乱婚傾向があり、女は一夫一婦傾向があるというのは当たっているようです。

すなわち、男女の性行動には現在もなお、ダブルスタンダードが存在するということです。マーティン・デイリーによると、現代人は実質的には一夫多妻の繁殖システムを今でも続けており、成功した男性には一夫多妻の道が開けている、法律では一夫一妻であっても、多くの場合、法的なものではない一夫多妻や妾が存在するといいます。

性科学者大島清は、実社会では、婚外セックスに対するダブルスタンダードが存在しているといいます。結婚は、他の異性とは交わらないということを神に誓う儀式ですが、この一夫一婦制が、いつの間にか女性を男性に隷属させる手段になってしまっているのです。長い間、男は婚外セックスしているのに、女性はただじっと耐え、男の犠牲になっていたのです。男は、それは犠牲じゃない、俺はこんなに働いて妻子を支えているじゃないかと言うかもしれません。しかし、夫は妻に何を与えてきたのか？　妻が求めるものは物質ではないということです。

これは事実です。米国のプロゴルファー、タイガーウッズに複数の愛人の存在が発覚して大騒ぎになったことがありました。結局、莫大な慰謝料を支払わされて、そのあげくに離婚となり、世紀のドタバタ劇は幕を下ろしましたが、まさに男の性的二型の生んだ悲劇です。

動物のつがいはどのくらい貞節を守っているのか調べた学者がいます。一部の哺乳類とほとんどの鳥類には、「結婚」のようなものがあります。つまり、オスとメスが長期的な絆を保ち、自分たちの子供の世話と保護にあたるのです。こういった、両親がそろって子供を育てるという、私たちに似た社会を持つ動物の多くで、オスの浮気がよく観察されます。

ミシガン湖のセグロカモメのつがいを観察すると、オスの35％は浮気の交尾をしていました。この数字は、１９７４年にプレイボーイ誌が行った、若いアメリカ人の夫を対象にした調査結果の32％という数字とほぼ同じです。しかし、カモメとヒトでは、メスの行動に大きな違いがあります。プレイボーイ誌が、アメリカの若い妻の24％が婚外セックスをしていると報告したのに対し、つがいのメスカモメはすべての浮気オスの接近を拒否し、つがいのオスがいないときに自分から隣のオスに誘いをかけることは１度もありませんでした。浮気オスの婚外交尾の相手はすべて、まだつがいになっていないメスが対象だったのです。なんだかセグロカモメのオスの方が幸せかもしれません。

人間の性向をつぶさに見てきたところで、これから結婚を考えている若者たちに、配偶者に対しての貞節を強要することは、求道者のような性的束縛に耐え誠実でいるのか、あるいは偽善と不実を容認するのかのどちらかの選択を無理強いするようなことで、結婚する前に結婚に愛想をつかしてしまうことになりかねません。

ハヴロック・エリスは、１９２８年に一夫一婦婚について「われわれはこのロマンチックな絵空事をあまりにも厳しく若いカップルに教え込んできたので、結婚が単なるつくりごとにすぎないのを何らかのきっかけで自ら悟ったとき、彼らは自分自身に罪があるという意識に打ちのめされてしまう」と述べました。

ジェームズとリン・スミスは、一層遠慮なくこう言い切っています。

「一夫一婦制という掟は実に反社会的で人間性に矛盾したものなので、社会にあるあらゆる基本理念、そして社会的に仕組まれたさまざまな虚偽や口実は、この掟を避けてくぐり抜けるために考え出されてきたものなのである」

結局、一夫一婦制とは絵に描いた餅に過ぎず、実社会は男に甘いダブルスタンダードが横行しているのが現実なのだ。故に純粋な若者に、お互いの貞節をあまりに強く求めすぎてはいけないと言いたいのでしょう。生物学的にはその通りです。

ですが、西欧社会の基軸であるキリスト教は、浮気に対する解釈が大変に厳しいはずです。一夫一婦婚を守ることができずに相手を裏切り、それによって結婚生活が破綻し、一人親家庭が増加する。また、窮屈な結婚生活を拒否し、最初から結婚しない独身者が増加する。このような家族崩壊社会を考えると、人間社会の未来は真っ暗に思えてきます。男が性的二型（一夫多妻）の遺伝子に支配されていることは、生物学的事実なので、いくら宗教的、また倫理的に、お互いに貞節を守ることを強制しても無理なこともあるのです。西欧社会は、人間の生物学的性向と、それに矛盾した厳しい宗教的戒律との狭間で、動きがとれない状態になってしまいました。

では、どうすればこのような状態から脱出できるのでしょうか？　この難題を解決する知恵を、私たち日本人は持っているのです。

キリスト教の教えは、不貞は絶対に許さないという厳しい「父性愛」に例えられます。それに対して仏教の教えは、不貞は悪いことに決まっているが、それを犯してしまったならば仏様に謝りなさい。そうすれば許しが得られるでしょうという優しい「母性愛」なのです。

浄土真宗の開祖親鸞に、有名な逸話「女犯の夢告」というものがあります。（真宗史学研究所のホームページを参照）

親鸞が29歳の時、修行の地比叡山から、京都にある聖徳太子建立の六角堂の本尊救世観音に１００日間懇誓に通いました。95日目の夜明け頃、親鸞の夢の中に聖僧の姿をした救世観音が現れ、こう告げたのです。

「そなたがこれまでの因縁によって、たとえ女犯があっても、私（救世観音）が玉女という女の姿になって肉体の交わりを受けよう。そして、おまえが一生を立派に飾り終えた臨終の際には、私が引き導いて極楽に生まれさせよう」

当時仏教は性に対して厳しい戒律があり、僧侶はいっさい女性に近づくことはできませんでした。しかし、若い男性にとってそれは大変つらいことであり、生物学的にも非人間的な戒律です。聖人親鸞も、普段からこの戒律で大変苦しい思いをしていたからこそ、このような夢を見たのでしょう。「すべての人間はありのままの姿で救われる」これが阿弥陀仏の絶対救済の教えです。仏教とはなんと有難い教えでしょう。白人たちが信じるキリスト教との違いはあまりにも明らかです。起きてしまったことはしかたがないのです。そのために配偶者を傷つけることがあっては、その罪は2倍にも3倍にもなってしまいます。そうならないように徹するのです。

結婚した2人は、お互いの幸せな将来の目標をしっかりと見据えて、若い性的エネルギーの溢れる現在をいかにして乗り切るかの知恵が必要です。妻に我慢を強いる場面が起こることは予想できますが、それは夫が浮気性なのではないのです。男が、自分の意志ではコントロールできない、もっと源流のところで性的二型の遺伝子が働いてしまうからなのです。近い将来、男性の浮気を封じ込める遺伝子操作が可能になるでしょう。そうすれば、男性の浮気性は完全に消失させることができます。次の実験を見て下さい。

J・D・ワトソンによれば、オキシトシンとバゾプレッシンが、ネズミの一雌一雄の絆の形成に一役買っているといいます。

草原ハタネズミは愛情深く誠実で、山ハタネズミは次々にパートナーを取り替える乱婚です。草原ハタネズミのバゾプレッシン遺伝子を山ハタネズミに導入してみたところ、遺伝子改造された山ハタネズミは、以前には見られなかった、メスに対するやさしい気遣いを見せるようになったのです。草原ハタネズミのバゾプレッシン遺伝子を組み込んだことにより、山ハタネズミは前より誠実なネズミに変身したのです。ネズミのことを調べてもしかたがないと思われるかもしれませんが、ヒトとネズミのゲノムは衝撃的なまでに似ています。ヒトとネズミ両方を支配している基本的な遺伝子は、ヒトとネズミが分岐して以来、7千5百万年以上もの間、まったく変化していないのです。

遺伝子治療はもうすぐそこまで、手の届くところまできています。それが実現するまでの間、女性の皆さんには辛抱をお願いし、現在の家族制度を維持して頂きたいのです。大波が荒れ狂う性の成熟期を過ぎると、そのあとには孫を囲んでの穏やかで満ち足りた円熟の人生が待っています。女性の皆さん、それまではさだまさしの『関白宣言』にある男性の気持ちをどうか容認してください。

俺は浮気はしない
たぶんしないと思う
しないんじゃないかな
ま、ちょっと覚悟しておけ

——さだまさし

第5章

なぜ、児童虐待がなくならないのか

■人類は最近まで生活苦のために母親の手で間引きが行われていた

霊長類のオスが、メスを獲得するためにメスの育てている赤ん坊を殺すことがあるのは、これまで述べたとおりです。しかし、メスは自分の子を殺すことはありません。これに反して、ヒトの母親は自分の赤ん坊を殺すことがあります。その理由は、ヒトの女性の出産間隔の短さにあるのです。

霊長類の出産間隔は、だいたい5～9年に1回なのですが、ヒトの女性は、1年に1人子供を生むことができます。ヒトの場合、圧倒的に出産間隔が短く、次々に子供が生まれてくるので、育てきれずに殺すことになるのです。

間引きという慣習は、地球上の多くの民族の間で見られます。生活が貧しいために、生まれた子供を育てることができず、母親が殺してしまうのです。日本でもこの慣習はつい最近まであったようですが、はっきりとした記録は見つかりません。庶民の歴史はほとんど伝承で伝えられるので、武家の生活史の記録のように文書で残っていないのです。

中世にキリスト教の伝道師たちが残した記録の中に、わずかに、庶民の女の子殺しについての記録が見られます。科学的な避妊法などない時代には、そうするしか方法がなかったのでしょう。新生児死亡率も高かった時代のこと、「7歳までは神のうち」という言い伝えも残っているのは、前述したとおりです。子供が生まれても、数え年7歳までは、まだ人としての生命が定まらない「あの世とこの世の境目の存在」であり、もし死んでしまったら、その子はこの世に縁がなく、神様の元に帰るという意味です。そうすると、間引きは「いったん預かったけど、うちでは育てられないので神様にお返しする」という感覚だったのでしょう。

18世紀後半には、松平定信が白川藩で間引きの風習を禁じたこともあったそうです。

江戸歌舞伎の見所の一つにも「子殺し」があります。義理と人情を通すために、心ならずも、とはいえ実際には生活苦のために、前夫・前妻の子を殺すという場面、それ故に生じた「人の恨み」の話です。歌舞伎芝居には、この「子いじめ」「子殺し」が要所にさしはさまれて、観客の涙を絞ることが筋書きの一つであり、定型でした。それが架空の「いじめ」や不倫芝居ではなく、観客のそれぞれに「身に覚え」のある行為・行動の再現だったからこそ、さまざまな形で現れる「人の恨み」が、水を浴びたように染み通ったのでしょう。

このように、日本では歌舞伎や芸能を通して、明治以前の庶民の生活をかいま見ることができます。我が国では昔から子殺しはけっしてめずらしくなく、その風習は20世紀前半まで残っていたようです。では、外国での子殺しの状態はどうでしょうか。

■伝統文化民族の子殺し

親の子殺しについての1930年代から1970年代にかけての記録では、ボリビアのチャコ・インディアンの間の嬰児殺しが目にとまります。初めて子を産んだアヨレオの女性は、父親からの確かなサポートが得られないと、赤ん坊を埋めてしまうのです。奇形、双子、または年子が生まれ、母親の負担が過剰になったときにも子殺しが起こります。

南西アフリカのカラハリ砂漠に住む、ブッシュマンの一部族であるクン・サンの集団を調べた報告によると、女性は平均16・7歳で最初の結婚をし、初産はおよそ19・6歳です。授乳は、普通4歳まで、ときには6歳までも続き、子供が離乳するのは、母親が次の子供を妊娠したときになります。まれに、母親が上の子を安全に離乳させられると判断するより前に、次の子が生まれるようなことになると、母親は新生児を捨てるしかないと考えます。出産500件につき6件の嬰児殺しがあると報告されました。

アフリカの14の社会では、母親が未婚であることが子殺しの理由としてあげられています。

未婚の母親は、子供の父親からの援助を受けにくく、将来、正式に結婚するにあたって、子供がじゃまになるからです。だれも父親であることを認めない場合や、子供を育て、責任をとろうとする男性がだれもいないときに子殺しが起きています。

■西欧における子殺し

英語圏の全歴史を通して、他の世界と同様に、貧しくて未婚の母親が望まない赤ん坊を殺してきたのは確かなことです。しかし、中世イギリスにおける子殺しに関する情報は、殺人全体についての裁判記録が大量に残されているにもかかわらず、非常に少なく、たとえば、１３００年から１３４８年にかけて、ヨークシャー地方で２９３３件の殺人が記録されているにもかかわらず、そのうち子殺しは1件しかありません。

実際には、子殺しは、この記録から類推されるよりもずっと頻雑に起こっていたに違いないのですが、官吏が無視したのです。子殺しを見て見ぬふりをすることになっていた理由の一つは、子殺しは他の殺人とちがって、権利を侵犯された者が存在しないためです。殺人に関する法的システムはローマ法に由来していますが、それによると、自分の子孫を生かすも殺すも父親の権利であり、父親の自由となっています。母親による子殺しは、父親の意志に反して行われたときにのみ犯罪となり、そのときでも、裁くのは父親であって国家ではありません。

19世紀後半、召使いや年季奉公の労働者たちは、貧しいために正式な結婚ができなかったので、私生児がどんどん生まれました。そのことが地域の権力者にとって重荷になるにつれ、未婚の母親は、役人から父親は誰なのかについて尋問を受けるようになり、子供の養育費を払うように命じられた父親が、赤ん坊を虐待死させるようになっていきました。産業革命が起こると、多くの若者たちが奉公人として暮らすようになったので、子殺しの動機はますます増えていきました。

19世紀後半、全女性の11％が家庭内使用人として働いており、未婚の母の78％が彼女たちでした。１８６０年代のロンドンの新聞が、たった一日のうちに、死んだ赤ん坊が５人も市内の公園で見つかったと報じています。１８５６年から１８６０年までの5年間に、ロンドンだけで、２歳以下の乳幼児の不審死が３９０１件報告されています。

これを受けて、１８７１年に英国議会において、嬰児殺しに関する法律が制定されました。さすがに英国は、しっかりとした記録が残っています。

西欧では、キリスト教の倫理から子供を殺すことは起こらないと思われがちですが、明らかにそれは間違いです。人間の性的な欲望には、宗教的な倫理もかなわなかったのです。

続いて現代のカナダとアメリカの例を、マーティン・デイリー著『人が人を殺すとき』より引用します。

M・デイリーによると、母親が嬰児を殺す場合と、1歳以上に育った子供を殺す場合とでは、殺す理由に若干の相異が見られるといいます。大きくなった子供を殺すのは、母親のうつ状態によることが多く、１歳以上の子を殺した母親95人のうち、15・８％がその後自殺しています。１度に２人以上の子供を殺した母親は33％が自殺しています。

それとは対照的に、嬰児殺しの母親88人のうちで自殺したものはたった２人にすぎません。そしてこの２人という数も、過大評価の可能性が高いのです。嬰児殺しは警察に見つかりにくいもので、実際の嬰児殺しの数はもっと多い可能性があるからです。

嬰児殺しの母親は、おもに自分が生きていきたい若い女性であり、嬰児殺しとは女性が子供を育ててはやっていけないと思ったときの最後の手段なのです。

うつ病で自殺する母親は嬰児殺しの母親より少し年齢が高く、子供を道連れにするのは子供への愛情によるものだと示す遺書を残していくことがあります。人生がもうだめだと思った母親は、自分の子供が同じように惨めな人生を送らなくてもいいように、彼らを救おうとするのです。次の遺書は、１９７４年10月３日に２人の幼い男の子を道連れに自殺した、アメリカ人の母親が残したものです。

「親愛なるお母様、お父様
こんなことをしてお２人には申し訳ありません。でも、もうこれ以上、このような生活は続けられないのです。私は子供たちを連れて行きます。１人を私の右に、もう１人を私の左に置いて下さい。２人の息子を愛しています。きっと神様も許して下さり、私のかたわらにあの子たちをいさせて下さることでしょう。心の中で、子供たちには神様がついていてくださっていると思っています。神様、私が罪を犯してしまったことをどうぞお許し下さい。お母様、お父様を愛しています。

坊やたちにはお似合いの青い服を着させてあげて下さい。私を彼らの間に置いて下さい。あの子たちを愛しています。彼らが天国の神様のもとに行けますように。どうかモンティ・ジェイには、ママがつくった夜の毛布を添えてあげて下さい。どうぞジェフには、初めてのクリスマスのベッドでもらった小さな虎さんを添えてあげて下さい。

ごめんなさい。お2人を愛しています。　アイリーン」

子供を道連れに自殺した母親の遺書には、胸をつまされます。

この、母親による子殺しに対してのM・ディリーの原因分析は説得力があります。河合隼雄も、母親は子供のためとなれば、自分はどうあってもいいという献身的な愛を持つことが多く、その愛の深さ故に、現在直面している問題の解決が難しくなると「いっそあの子を殺して、わたしも死ぬ」と決意し、ときには実行しかねないほどの母親がずいぶん多いことに驚いています。

このような悲劇が繰り返されないように、私たちはしっかりと若者を指導して守っていかなければいけません。

■父親による子殺しは生活苦が原因ではなく性に関することだ

父親による子殺しについて、カナダで嬰児殺しをした38人の男性の平均年齢は、26・3歳でした。カナダの結婚カップルは、夫は妻より平均4歳年上であり、母親の平均初産年齢は25・8歳であるので、嬰児殺しをした父親は、比較的年齢が若いといえます。年上の子を殺した父親の平均年齢は29・2歳でした。これは母親の嬰児殺しと同じ傾向です。

しかし、父親の子殺しは母親の場合とは異なり、この子が本当に自分の子供なのかと疑う場合や、他の男性の子供であると知ったことが原因になります。父性を疑うような情報は、いつ父親の耳に入ることになるかわからず、子供が大きくなってからでも子殺しの危険は消えないのです。

父親の子殺し後の自殺率は、嬰児殺しの父親は10・5%で、1歳以上の子を殺した父親は43・6%が自殺しています。これも母親の例と同じ傾向ですが、父親の方が自殺率が高いのは、そもそも、男性の方が女性より自殺率が高いことによります。

義理の父親との親子関係は、最初から最も危険な状況を孕んでいます。子連れで再婚する女性は、子供の運命が心配になります。これまでに判明した子供の虐待の要因の中では、義理の父親が最も重要な危険要因です。死に至る虐待の危険性は、義理の父親の存在によって非常に大きく上昇するのです。霊長類のオスが他のオスの子を殺すことはすでに述べたとおりですが、人間の場合も、義理の父親にとって、血のつながりのない子の養育を担わされることは潜在的に嫌われ、子供が義理の父親になつかない場合、余計に疎ましく感じるようになるでしょう。妻の不倫によって、夫自身の子ではないということがはっきりしたり、疑われたりする場合も、当然子殺しの理由となります。

このように、自分の本当の父親でない男性と一緒に暮らしている子供は、虐待されたり殺されたりする危険性が非常に高くなります。では、危険性の高い義理の親と同居している子供はどのくらいいるのでしょうか？　驚いたことに、アメリカもカナダも、またその他の国々でも、人口統計局は、義理の親と実の親とを区別して記録しようとしたことがないので、それぞれの年齢の子供が、どのような家族のもとに暮らしているのかに関する統計は一切存在しないのです。そこで、M・デイリー等は、カナダにおける子殺しの比率を、実子と継子に分けて調査しました。その結果、次ページの図に見られるように、継子（とくに乳幼児）は実子に比べ、子殺しに遭遇する危険性がなんと最大40倍も高いことがわかりました。

M・デイリーの分析結果は当然予想されたことですが、日本でも、幼児虐待を実子と継子にきちんと分けて分析した研究例は、現在のところ報告されていません。子殺しをした母親と父親の関係を、深く立ち入って調べることが必要です。おそらく、結婚していない同棲の形が多いのではないでしょうか。いずれにしても、殺された子供と当事者2人の関係が重要なのです。かなり以前から、「母親育児教室」についての番組を時々目にします。核家族のため、若い

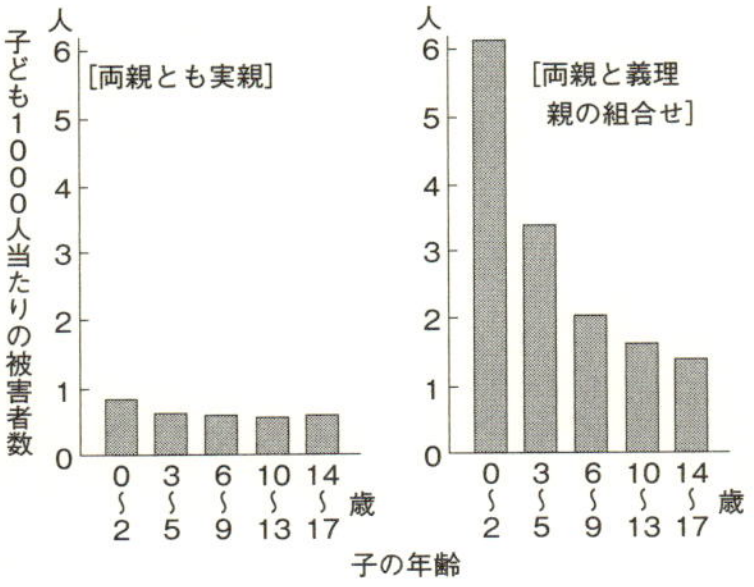

報告義務計画にもとづきアメリカ人道協会で確証された1,000人あたりの子の虐待数。アメリカ、1976年。

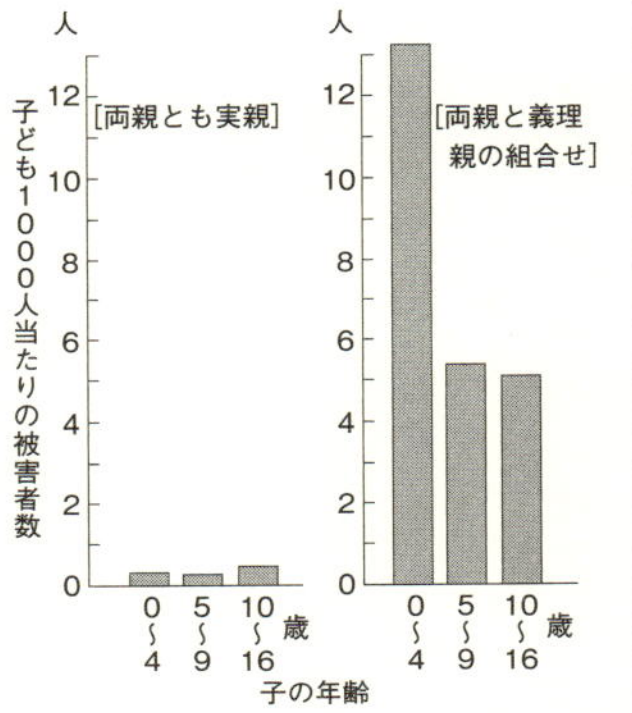

児童擁護協会が把握し市役所に報告のあった1,000人あたりの子の虐待数。カナダ、オンタリオ州、ハミルトン市、1983年

左　1,000人あたりの子の虐待数。アメリカ　　右　1,000人あたりの子の虐待数。カナダ

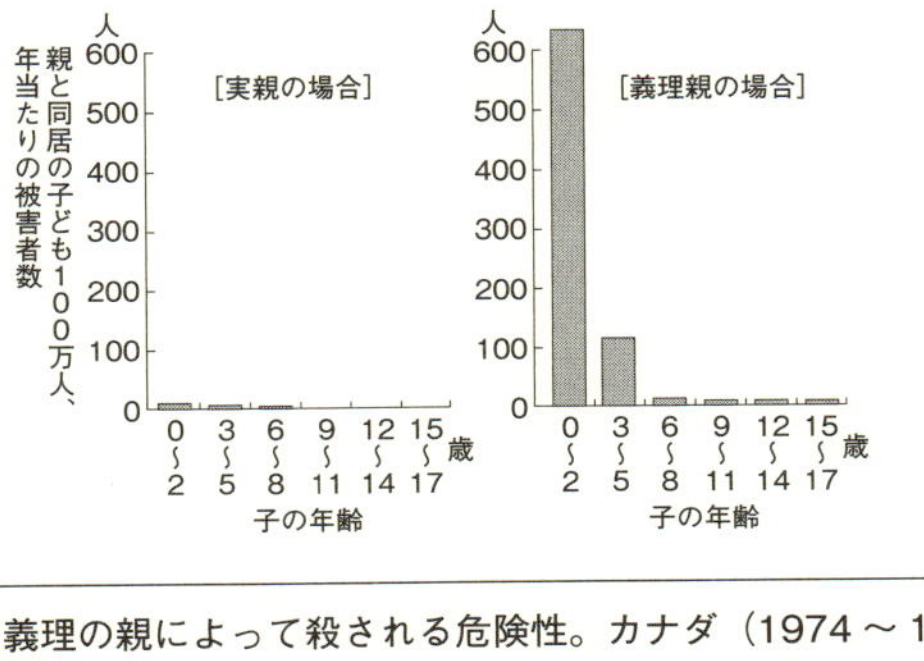

実の親と義理の親によって殺される危険性。カナダ（1974〜1983）

（マーティン・デイリー他『人が人を殺すとき』より）

母親は子育てについて相談する相手がおらず、さらに夫との不仲が原因で、イライラして子供に当たったりしたとき、自分が我が子に虐待をしてしまうのではないかと不安に思うという内容です。この「母親育児教室」は、根本的に間違っています。教室に相談に来る母親に、子供を虐待する母親はいません。幼児虐待とは故意犯です。気がついたら虐待をしていたなんてことはありません。

その証拠に、実際の虐待は圧倒的に父親、継父、同居男性によって行われているのですが、「父親の幼児虐待防止教室」なんて、一度も聞いたことがありません。まれに、母親が我が子に虐待することもあるようですが、これは同居の男に仕向けられたためでしょう。父親は、自分が虐待をしているのではないかと不安になって相談に訪れることはありません。言うまでもなく、自分で虐待をしようと思って虐待する、故意犯だからです。虐待で逮捕された男は決まって「ちょっと躾が行き過ぎただけだ」と言い訳するのです。

現在行われている虐待防止プログラムは、このように的がはずれています。今すぐに行わなければならないことは、虐待疑いで病院を受診したり、児童相談所を訪れたり、通報のあった幼児に対して、即、警察に連絡することです。そして警察は、当事者の父親、継父または同居男性と母親を呼んで、子供との生物学的関係を調べることです。DNAによる親子鑑定を行い、その結果が血のつながった親子であればそれを保証し、余計な心配をせず、安心して子育てをするように指導します。DNA鑑定の結果、生物学的に親子でないことがわかったら、その子供は児童保護施設で保護するのです。親もどきの男女のもとに子供を戻すのが大変危険なことは、Ｍ・デイリーが言っているとおりです。その子供は親のいない子供になってしまいますが、生死に関わる虐待を受けるよりははるかにいいでしょう。

虐待は犯罪です。未然に防がなくてはいけません。なぜ幼児虐待が後を絶たないのかを考えると、若者が分別もなく、将来の人生設計も持たず、簡単にセックスに走ってしまう現在の風潮が原因になっているのは明らかです。若者が狂ってしまった原因は、「現行の性教育」にあります。これを即刻中止すべきです。その詳細については、拙書『これでいいのか性教育』に譲ります。

人間の性をどうとらえるか

■性とは何か

悲恋の物語は枚挙にいとまがありませんが、日本では、江戸時代の八百屋お七の恋物語が代表でしょう。恋人との再会を願い、江戸の町に放火して火刑になった娘お七の実話です。西洋では、シェイクスピアの戯曲ロミオとジュリエットが代表です。

恋人のためなら自分の命さえ惜しくない恋。人間を死の淵まで追いつめる恋心とは一体何でしょうか？　我が身をも滅ぼしかねない恋心を科学的に説明するのは、ロマンチックではありませんが、恋心とは、端的に言えば、有性生殖をする生物の遺伝子に組み込まれた、異性を求めるための行動エネルギーです。

オスはメスを得るために、自分の生命の危険が増すこともいとわず、メスに好かれようと努力します。オスにとって、自分の命よりメスを確保する方が大事なのです。これが、私たち人間にも宿命づけられた「思春期の性」の生物学的な正体です。

女子の思春期は、月経による出血とともに始まるともいわれ、男子の精通とは比べることができない、ある意味で悲劇的な面を持っています。思春期の女子にとって、自分の身体が少女から大人の女性に変化したことを、自分自身のものとして受け入れることが難しいこともあるようです。しかし、それを受け入れることが、少女から女性に成長するために絶対に通らねばならない「通過儀礼」です。それに比べて、男子の精通は男性に成長するための通過儀礼にはなりません。精通はセックスの予行練習に過ぎないのです。だから、男子には、思春期に突然出現するこの強烈な性エネルギーを、間違った方向に投入して身を滅ぼすようなことを起こさないために、女性の月経に匹敵する大人の男になるための「通過儀礼」を通り抜けさせる必要があります。

思春期前の男子小・中学生は、人間として子供なりにできあがります。色々なことができるようになり、知識も非常に豊富になって、判断力もつきます。それが、思春期に入った中・高校生になると、子供なりにできあがっていた人間性が、もう一度根本から覆されてしまいます。その、心の底から人間を覆す、非常に強い力の正体が思春期のセックスのパワーです。河合隼雄は、中学生、高校生時代にある思春期というものの恐ろしさ、凄まじさということを、我々は今まで知らな過ぎたのではないかといいます。

この時期の男子には、少年から男性に脱皮するための教育が絶対に必要です。身体の芯からこみ上げてくる性の衝動をどうやってやり過ごすのか、大人の男たちは少年にしっかり教えなければいけません。昔は、地域の中で男性教育のようなものが存在したのでしょう。それは女性蔑視にもつながった、現代に復元させるような代物ではないでしょうが、男子の通過儀礼としての役割は果たしていたのです。現代社会では、そのようなコニュミティは消失してしまっているので、その代わりに、学校で男子の通過儀礼教育を行うべきです。

現代の深層心理学が明らかにしているように、性は人間の人格の最も深いところに根ざしています。人間にとって、性は決して単に生殖のためだけの本能ではありません。性は人間の人格そのものです。故に、性の健全な発育は、人間の人格形成にとって決定的な要因となります。「性教育」とは、人間が人間らしい人格を持った大人として成長するために不可欠な、全人間的倫理教育でなければなりません。この教育を性教育という言葉で表現するから誤解が生じるのです。性教育ではなく「人間形成のための倫理教育」と言うべきです。男子学生に対しては性教育の必要はなく、男性になるための「通過儀礼教育」が必要なのです。

20年前、学校が直面している最大の問題について、学校長を対象に調査が行われた際、上位にランクされた回答は、廊下を走ること、授業中のおしゃべり、遅刻、チューインガムを噛むことといったものでした。しかし、今なら同じ校長たちが暴力、麻薬、10代の妊娠に頭を悩ませていると答えるはずだと、英国のジャーナリストのアンソニー・スミスはいいます。

１９９２年に英国で発行された『国民の健康白書』によると、英国の13歳～15歳の少女の妊娠率は、１９７０年は８・２％、１９８０年は０・７％、１９９１年は０・９％。１９９１年を20歳未満まで広げてみると、６・５％のハイティーンの少女が妊娠しているのです。１９７０年頃は、若い人たちは避妊できないのが普通で、妊娠率が高く、１９８０年代に妊娠数が一桁減少したのは、避妊法を取り入れたことによるものです。妊娠率は１９９０年代に再び増加傾向になっています。

英国の権威ある医学雑誌『ランセット』の１９９４年10月号は、トップ記事で「奔放な若者たちの性を抑圧するための手段を講ずるべきか？」と疑問を投げかけました。答えは「イエス」。16歳になる前に初体験をした者のうち、女性の半数以上が「早すぎた」と考えており、男性も４分の１が同じ考え方をしていたとＡ・スミスは報告しています。

何故このようなことになってしまったのでしょう。その原因は、１９６０年代に起こったフリーセックス運動と、それに連動した間違った性教育です。

■エイズ

エイズは１９８１年に初めてアメリカで報告されました。１９９５年にＷＨＯは、エイズウイルスはすべての国にあり、１８００万人の大人と１５０万人の子供が侵されていると発表しました。

フランスの国立研究機関ＣＮＲＳは、６１８２人のフランスのティーンエイジャーの生活を調べ、若者がハイリスクな性行動にふける頻度を明らかにしました。面接調査の対象となったのは、国立高校と私立高校の生徒および、学校をやめて国の職業訓練プログラムに参加している者です。

学校に行っていない者は、学校に通っている者よりもＨＩＶに関する知識が不足しており、蚊やトイレの便座を経由してエイズに感染すると思いこんでいる者が２倍近くでした。過半数の者がすでにセックスを経験ずみで、15歳で30%、18歳で75%。定期的にセックスをするようになると、女子は経口避妊薬を服用するようになり、過半数が、いちばん最近のセックスでパートナーがコンドームを使わなかったと答えています。彼らはどうやらエイズより妊娠のほうが心配らしく、妊娠の可能性があるのは1年のうちたった60日に過ぎなくとも、エイズに感染する可能性は1年３６５日すべてであることを認識する必要があるでしょう。

男子の約40%と女子の27%が、この1年間に複数のパートナーとセックスしており、男子の12%と女子の５%に５人以上のパートナーがいました。

友人宅の郵便受けにエイズ調査用の用紙が届けられた学生の話では、その調査用紙は、過去５年間のパートナーの数を答えて欲しいというものでした。1~10人、10~１００人、１００~１０００人、１０００~１００００人、1万人以上、あなたはどのカテゴリーに入りますか？　それを見るなり、友人はその用紙を投げ捨てたということです。

今の世の中は本当にこんな現状にあるのでしょうか。それとも、この調査は馬鹿げたお遊びだったのでしょうか。セックスパートナーの数が1万人以上というのは、さすがにジョークだろうと思いますが、とにかく、ローティーンからセックスの習慣が始まるのは事実です。

思い起こしてみれば、日本でも昔はそれが普通でした。ごく一部の階級を除いて、ほとんどの人たちの職業は専業農家で、男も女も、思春期になれば夜這いや若衆宿などでパートナーを見つけ、気に入ったら一緒になればよかったのです。一生、田を耕して子を育てる「のどかな人生」だったのでしょう。しかし、現代はそうではありません。ＩＴ社会だとか、グローバル化社会だとか、とにかくある程度勉強しなければまともな職に就けません。のどかに楽しくなんて暮らせないのです。そんなことは百も承知していながら、中学校でセックスを始めて、中には小学生の女の子の中絶手術もあるそうですが、その子供たちの将来は、いったい誰が責任をとるのでしょうか。それを考えると背筋が寒くなります。

１９９４年の報告では、ヨーロッパ諸国の人口１００万人あたりのエイズ患者数は、スペイン６１９人、スイス５３８人、フランス５２５人、英国１５６人、ドイツ１３９人です。米国は１００万人あたり１６４４人と1桁多い数字ですが、アフリカ諸国はさらにひどい状態です。このように、エイズが地球上の全民族に急速に伝播していますが、この原因は、前述したような極端な性的奔放さや、無節操な人間が多いということだけではないのです。

『ワシントン・ポスト』紙の社説に、「ちょっとした数学的シナリオ」とやらが紹介されていました。15歳の少年少女が初めて性体験をして、24歳になるまで毎年２人の新しいパートナーと関係を持つとすると、彼らはそれぞれ５００人以上の相手に身をさらすことになるという計算になるという記事です。ワシントンＤＣでは、15歳から17歳のエイズ感染率は２％です。これはつまり、５００人を相手にセックスをすると、その中にエイズ感染者が10人含まれるということです。すなわち、すべての若者がエイズ感染者をパートナーにする可能性が非常に高いという計算になります。これは、先ほどのセックスパートナー１万人と比べて充分にあり得る数字でしょう。エイズが楽々と世界中に広がっていくのは保証されたようなものではありませんか。

それを防ぐ方法は、コンドーム着用を推進することなのでしょうか？　それに対して米国の自己抑制教育団体、フリー・ティーンズＵＳＡ会長リチャード・パンザーは、「コンドームを中心にした性教育は、危険な性行為を生業とする性産業従事者などに対しては有効だろう。しかし、一般の青少年に対する教育となると話は別だ。誰も自分の息子や娘に、売春婦と同じ予防策が必要となる生活をしてほしいとは考えないだろう」といいます。その通り、コンドームもピルも小・中学生には無用です。エイズの予防は至極簡単です。不用意に誰とでもセックスしなければよいことだし、小・中学生にセックスのことなんか学校で教えなければよいのです。

英国のアン王女が、エイズの蔓延を危惧して発言した言葉が、その言い回しが不適当だったのか、誤解され激しい批判を浴びたことがありました。王女の意図は明白です。もしも人々がもっとセックスに慎重で、各自パートナーを一人に絞っていたら、エイズはここまで蔓延していなかっただろうと言ったのです。英国でもエイズ問題が深刻になっているのでしょう。

では何故、セックス体験の低年齢化が起こったのでしょうか？　それは、１９６０年頃に北欧から始まったフリーセックス運動と、それに連動した間違った性教育の結果です。

「生命尊重センター」（代表・遠藤順子さん・故遠藤周作夫人）が企画した「ピル先進国・英国からの警告」の中で、医学博士マーガレット・ホワイトが、日本人に向けて次のようなメッセージを送っています。

「日本の皆さん、欧米の私たちを見て下さい。私たちは若い人たちの人生をメチャメチャにしてしまいました。彼らの健康、生殖機能、みんなピルからの影響を受けています。ピルの影響は結婚生活にもおよび、離婚や私生児の出産も増えました。すべてがピルで悪くなっています。どうか欧米のまねをしないで、日本独自の文化を守って下さい。私たちの過ちを繰り返さないで下さい」

このメッセージはもっと多くの人々に知られるべきです。ただし、ピルが悪者なのではありません。ピルを使用する年齢が若すぎるのが問題なのです。人間としての人格形成が完成する前にセックスを体験してしまった若者たちは、気の毒に、とりかえしがつかない悲惨な人生を歩むことになってしまったのです。

■性的嫉妬

オスには、配偶者防衛という本能があります。メスを他のオスから遠ざけるのです。夫は妻を他の男から遠ざける方法として、色々なことを考えました。その中でも、妻の性感帯を除去することで、セックスに対する興味をそぐ方法が古代から行われました。

陰核切除に関するもっとも古い証拠は、古代エジプトにさかのぼります。エジプトでは、女性のミイラに、陰核切除と陰唇の縫合が行われているものを見ることがあります。ギリシャの歴史家であり地理学者であったアガタルキデスは、2世紀にエチオピアを訪れ、この地の女性が割礼をしていることを書き留めています。アフリカの一部では、現在でもおよそ1億3000万人の女性が性器を切除されている現実があります。

「女性の割礼」という野蛮な手術は、クリトリスや外部生殖器のほとんどを切除してしまう手術です。大陰唇をほとんど縫合して、性交ができないようにしてしまう方法もあります。陰唇縫合された妻は、出産のときに切開を受け、夫が長い旅に出るときには再び縫合されます。女性の割礼と大陰唇縫合は、今日でも、アフリカからサウジアラビア、インドネシアにかけての23カ国で行われています。現在まだそんなに野蛮なことがまかり通っているとは、まさに驚きです。

京都大学教授大島清著『性と男脳、女脳』によると、1983年5月にワシントンDCで開かれた世界性科学会議で、カイロ大学のカツタブ教授が、いまなお94%のエジプト女性が割礼を受けている実態を、録音入りの8ミリ映画を用いて講演しました。老婦人に押さえ込まれた少女のクリトリスに、無麻酔でガラスの破片が無情に食い込むのです。泣き叫ぶ少女。この地獄の光景に、満員の聴衆から怒号が飛びました。それを一身に受けた教授の言葉に、会場は一瞬粛然となりました。

「実は私の妻も割礼を受けているのです。しかし、私は私の娘には絶対にさせないことをお誓いする。私こそ、この非文明的な蛮行を最も憎んでいる一人なのです。今日このようにデモンストレーションするのも、皆さんに実態を知ってもらって、共感を得てもらいたかったからなのです」

このような話は、私たちの周りにはないことなので、あまり深刻に考えることがなかったのですが、このレポートを見るとその残酷さが伝わります。こうしてみると、民族による性のとらえ方に大きな違いがあることがわかります。日本人は性に対してはおおらかで穏やかな民族なのです。

配偶者防衛の形として、妻を隔離する方法があります。女性の行動を制限し、女性が家族や配偶者以外の男性と会わないようにさせる風習も、多くの文化で見られます。

インドのカースト社会では、上位カーストになるほど女性の部屋の窓が小さく、壁の高いところについています。韓国では、かつて家の中で、女性のいる区域と男性のいる区域が分かれていました。イスラムの社会では、夫のある女性が一人で買い物に出かけることが禁止されている国もあります。アラブ世界では女性がベールをかぶり、他人に顔を見せないことや、古代の中国で行われていた纏足《てんそく》も、女性の行動や活動の範囲、他人との出会いの可能性をコントロールするための、配偶者防衛であると考えられます。

ところで、パートナーが他の異性と性関係を持ち、かつ、心が移ってしまったとしたら、性的関係と心変わりのどちらにより強い苦悩を感じるかという質問を、アメリカと日本と韓国で調査した報告があります。いずれの国でも、男性は、妻が他の男と結んだ肉体関係に対して強い苦悩を感じ、女性は夫の心変わりに対して強い苦悩を感じることがわかりました。私たち人間には、女性にも男性にも同じようにパートナーの不貞に対して嫉妬の感情があるのです。すなわち、一夫多妻婚や乱婚の配偶システムは、お互いの感情に歪みをきたし、破綻することになります。

一夫一婦婚で、互いのパートナーに余計な苦悩を与えず大切にするのが肝要です。妻も夫の不貞に対して強い苦悩を感じるわけですから、浮気は男の遺伝子に組み込まれている本能だから仕方ないなどという、性のダブルスタンダードは消滅させるべきです。前述しましたが、遺伝子改造により性指向を変えることができる時代が近未来に迫っています。これが、婚外セックスの欲望に悩まされている男性にとって吉報になるはずです。

■性的暴力

配偶者防衛の行き過ぎたものが、夫の妻に対する暴力です。

1971年、ホワイトハーストは、カナダで、夫が妻に対して暴力をふるった件で争っている夫婦の100件の裁判を傍聴したところ、ほとんどすべての事件の核心は、夫が妻をコントロールできない欲求不満に対する夫の反応であり、しばしば妻を売女《ばいた》だ、浮気女だと罵っていると報告しています。

1984年、ドバシュは、スコットランドの109人の虐待された妻にインタビューし、対立の主な原因について聞いたところ、もっとも多い48人の女性が、夫による所有欲と性的嫉妬を挙げました。1978年、アメリカで病院や施設に収容されている虐待された妻31人に対して行った同様のインタビューでも、52％の女性が夫の嫉妬であると答えており、どこも結果は同じです。

虐待された妻の多くは、たとえ女性同士であっても、古い友人とつきあい続けることに夫がひどく反対して暴力的に振る舞うと述べており、実際、どんなものでも、妻が社会的交渉を持つことに反対する夫がいるのです。1978年、ヒバーマンとマンソンはノース・カロライナの郊外で、診療所に助けを求めてきた60人の虐待された妻に関する研究で、虐待された妻57人（95％）は、「私がどんな理由でも一人で家を出れば、必ず不倫をしていると非難し、結局は暴力をふるわれる」といい、夫が病的な嫉妬を見せていると報告しています。

暴力をふるう夫がインタビューに応じることは滅多にありませんが、応じたときには、被害者妻と本質的に同じ事を語っています。1983年、ビリッソンは、デンバー在住の妻を虐待した夫122人に、暴力をふるうことになった原因はなにかを聞いたところ、嫉妬がトップで、ずっと下がって第2位が酒に関すること、第3位が金に関することでした。

夫は妻を他の男から隔離して、性的に自分の父性を脅かされないようにする、配偶者防衛本能があります。もしそれが危うくなったり、叶えられなくなると、妻を暴力でねじ伏せようとします。ですから、フェミニストたちは、「性暴力は、男性支配の権力と性的不平等の現実を女性に思い知らせるために、これほど有効な方法はない。性暴力は、決して個人的な欲望の爆発などではなく、男性支配と性差別が自然であるかのごとく維持しつづけていくために、社会の中へと構造化されたものである」と見てしまうのです。

これはもっともな意見ですが、生物学的に言うと、夫の妻に対する性暴力は、男性支配と性差別を維持し続けるために行っているのではありません。あくまで、配偶者防衛という妻に対する夫の男性本能の現れです。この夫の暴力に対して、妻が夫に対抗する手段はあるのでしょうか？　もちろんあります。それは「トリヴァースの子への投資」つまり、夫の子を妊娠し、出産し、子育てをすることです。これによって夫を性暴力から遠ざけ、円満な家庭生活が保障されます。

暴力をふるう夫が嫉妬深く疑っていることが、すべて幻想であるとは限らないこともあります。１９８３年シールズとハンネッケは、アメリカの虐待された妻と虐待されていない妻の対照群との両方に、現在の夫との生活の間に、他の男性と性交渉を一度でも持ったことがあるかどうかの質問に答えてもらいました。夫から虐待されている女性の47％が不倫を認め、虐待されていない対照群では10％でした。

また、アメリカにおける夫婦殺人のさまざまなサンプルでは、非常に多くのカップルが正式な結婚ではない内縁関係です。たとえば、１９８０年のマイアミでは43件の夫婦殺人のうち35％、１９６９年のヒューストンでは、45件のうち31％、１９２６年～１９６８年のデトロイトでは９７２件のうち46％が内縁関係でした。内縁関係は、若年層や都市居住貧困層に多いと考えられ、それらは、暴力や殺人の危険性が最も高い集団でもあります。内縁関係の夫は、妻に与える経済的援助が少ないために、妻はしばしば別の男性を捜そうとし、結果、夫の嫉妬心による暴力が妻を殺すことになります。

このような不安定な男女関係が、不幸な出来事に結びつくのです。その被害者は、すべて女性であることに注目しなければいけません。要するに、同棲とか内縁とか、その他のかりそめの性関係は、すべて女性にだけ不利になり、時には命を落とすことにもなりかねないことを、性解放を信奉する女性フェミニストや教育者は真剣に考えるべきです。

■姦通罪

古今東西、妻の浮気や不倫には厳しい罰があるのに、夫の浮気や不倫には寛容な傾向があります。この原因は、妻が夫の所有物だという考え方が一般的だったことも一因です。夫の立場からは自分の持ち物が奪われたことになり、相手の男と浮気をした妻に対し、制裁を加えることになるのです。この考え方には、女性蔑視の理念が色濃くあります。しかし、一方で、夫が外で浮気をしても、妻が産む子供の父性には関係がありませんが、妻が浮気をした場合には、生まれてくる子供の父性が不確実になることが必至です。

婚外セックスは、男と女では生物学的にまったく異なる判断が必要になり、それらが女性に不利な姦通法制定につながったのでしょう。

姦通法は、最近まで、西欧諸国をはじめ、ヘブライ、エジプト、イスラム、アフリカ、中国、日本など、ほぼどこの国でも男女不平等にできていました。結婚している女性が婚外セックスを行うことは、夫に対する犯罪だとみなされており、夫は暴力的な復讐をしたり、婚資を返済してもらって離婚するなど、相手に損害を与えることができました。しかし、夫が婚外セックスをしても、自分の妻に対する犯罪とはみなされません。

1800年代のフランスの法律には「姦通という行為自体が悪いのではなく、それが父性の不確かな子供を家庭内にもたらすことが悪いのである。したがって、それは妻による姦通だけにあてはまることであり、夫による姦通はあてはまらない」とはっきり男女差が書かれています。

ある伝統文化民族では、自分の妻が他の男と寝ているところを見つけたら、夫には妻とその恋人を殺すか、家ごと焼いてしまう権利がありました（ミュラー1917年）。スマトラでは、姦通で捕まえた男を、水田で豚を殺すように殺す権利がありました（バーゴウウエン1964年）。ギリシャのソロン法やローマ法では、妻に不倫された夫は相手を殺してもかまわないとされていました。米国のテキサス州では、1974年まで、夫が自分の妻と姦通関係にあった男を殺してもそれは正当な殺人であり、犯罪ではなく、処罰の対象になりませんでした。フランスでも、1975年までは、妻の不倫を現行犯で発見した場合、夫が妻を殺害しても罪に問われなかったのです。

世界中で女性に不平等な姦通法が見られましたが、それらはしだいに廃止されて、現在ではほとんどの国で見られなくなりました。このように、ヒトが「性」に関して引き起こす行動は、地球上のあらゆる文化、社会システムに共通して、すべて男性優位に展開します。その行動は時として、生命にかかわる重大な結果をもたらします。そして、それらの行動は男性本能に支配されていることなので、制御することは簡単ではありません。

しかし、私たちは霊長類から進化した脳を持つ、知性ある人間です。「性」をコントロールすることだって、できないことはないでしょう。「性」をコントロールすることは、知性や知識より精神力にかかわる問題です。フロイトが説いた「性エネルギーの昇華」という考えが一つの答えといえます。

望ましい教育とは

■今、行われている性教育

これまで、男女の脳の構造の違い、性ホルモンの働きによって起こる男女の行動の違い、男女の性行動と女の性行動の違い、結婚における男女の特質などについて調べてきました。その結果、男女の違いの多くは、社会慣習やしつけや教育によって起こるのではなく、性差を持って生まれてくることにあるとわかりました。

生物学的な基本をまったく無視した社会教育学者が構築した、男女共同参画社会の考え方に準じて行われている男女平等教育、特に性教育が、現在の乱れに乱れた日本の社会をつくってしまいました。

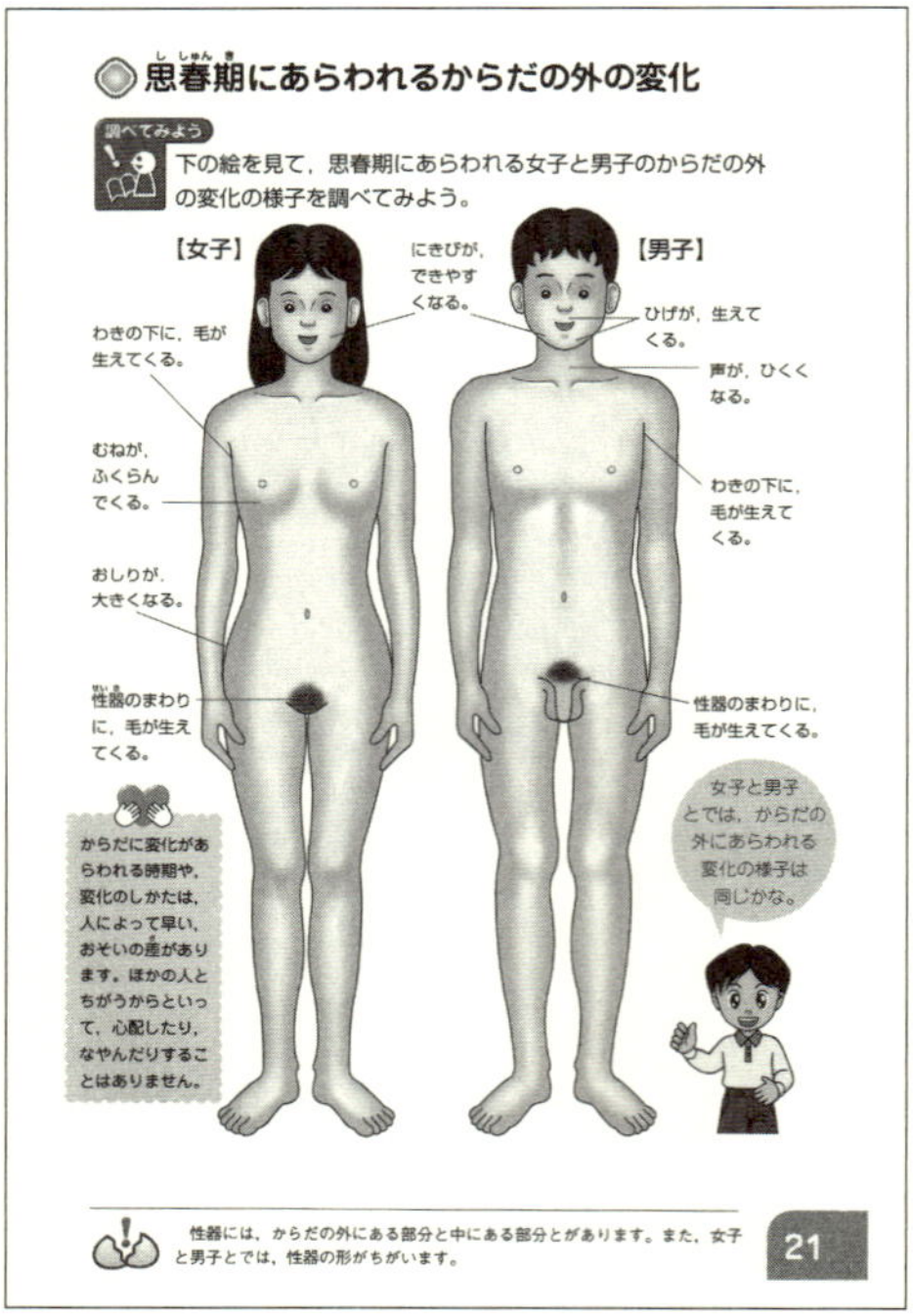

公立小学校３・４年生ほけん教科書（東京書籍）

人間にとっての「性」は、単に性殖のための行為ではありません。「性」はその人の人間性そのものを現します。人間は誰でも、自分を人前にさらけ出すことはしないものです。もしそうしなければいけない場面になったら、大変恥ずかしく苦痛を感じることでしょう。「性」に関しての話を人前で見たり聞いたりすることは、それとまったく同じことであり、それを体験するのは大きなショックを受けることになります。小学3・4年生の男子と女子が、同じ教室でお互いに顔を見合わせながら受ける性教育は、彼らをまさにこの心境に曝していることなのです。

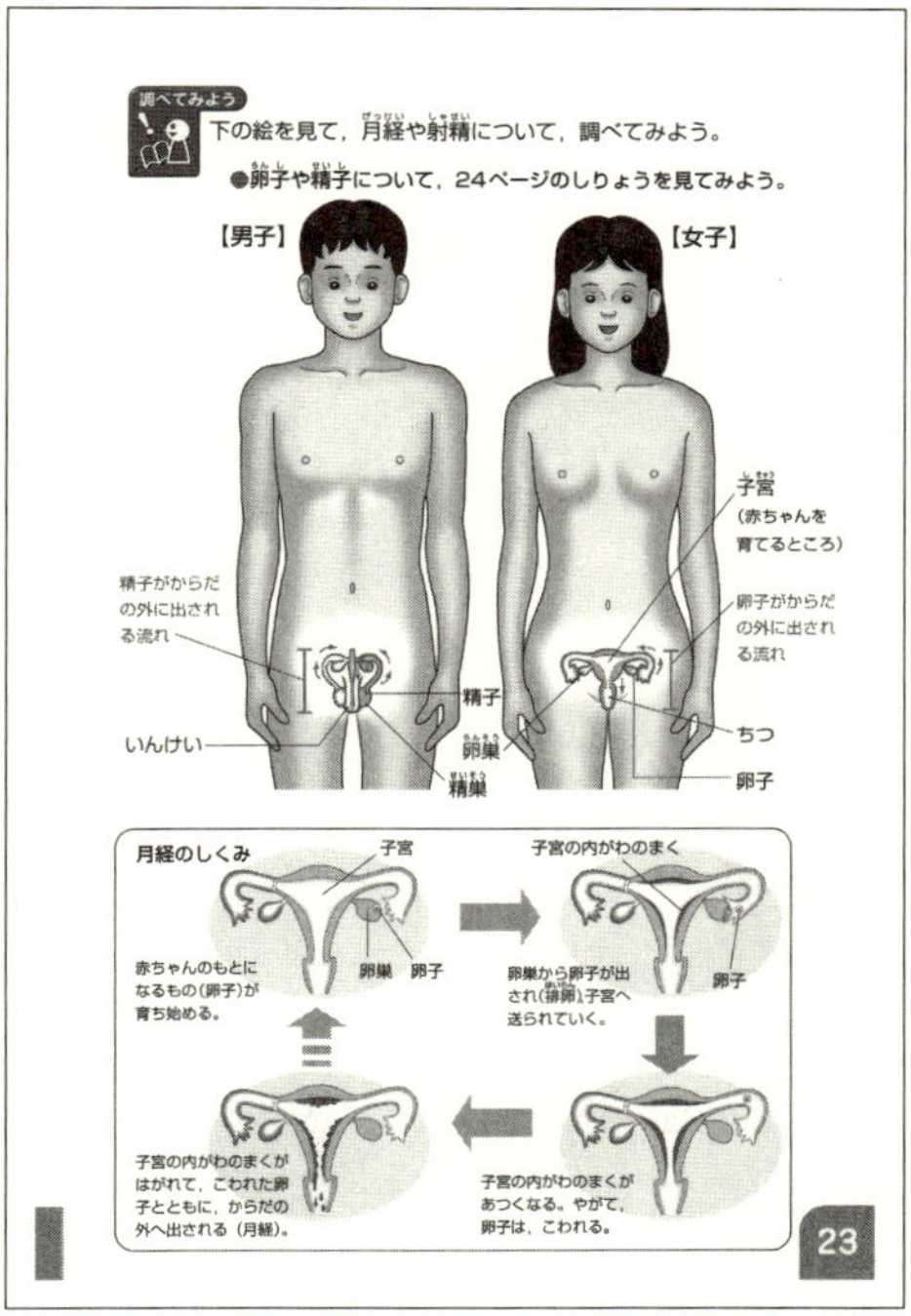

公立小学校3・4年生ほけん教科書（東京書籍）

　しかし、そのような雰囲気に慣れてくると、次第に羞恥心が薄らいで、不快を感じなくなるのかもしれません。そして中には「性」に興味を持つような生徒もあるでしょう。そのような子供たちも、中学生になると男子も女子も思春期を迎えて、「性」に対する衝動が身体全体に満ちあふれてきます。その衝動を、学校で習った性教育の知識で実行すれば、当然、性体験年齢が低下し、望まない妊娠が増加し、女子生徒の中絶手術件数が増加し、父親のない子供が増加し、幼児虐待が増加します。

これはまさに、現在の日本の病んだ社会そのものです。この麻のごとく乱れた日本社会をつ

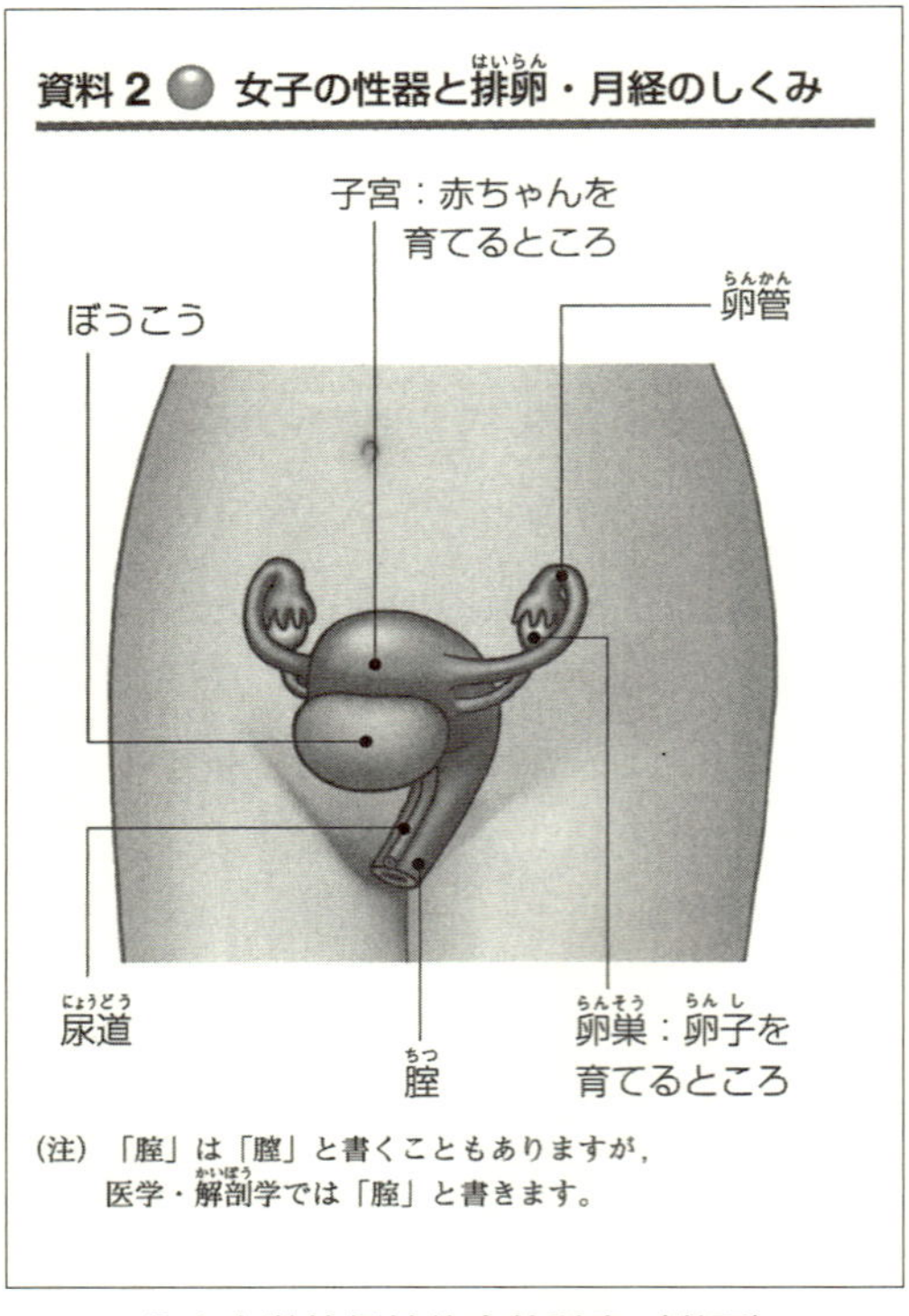

公立中学校保健体育教科書（学研）

資料3 男子の性器と射精《しゃせい》のしくみ

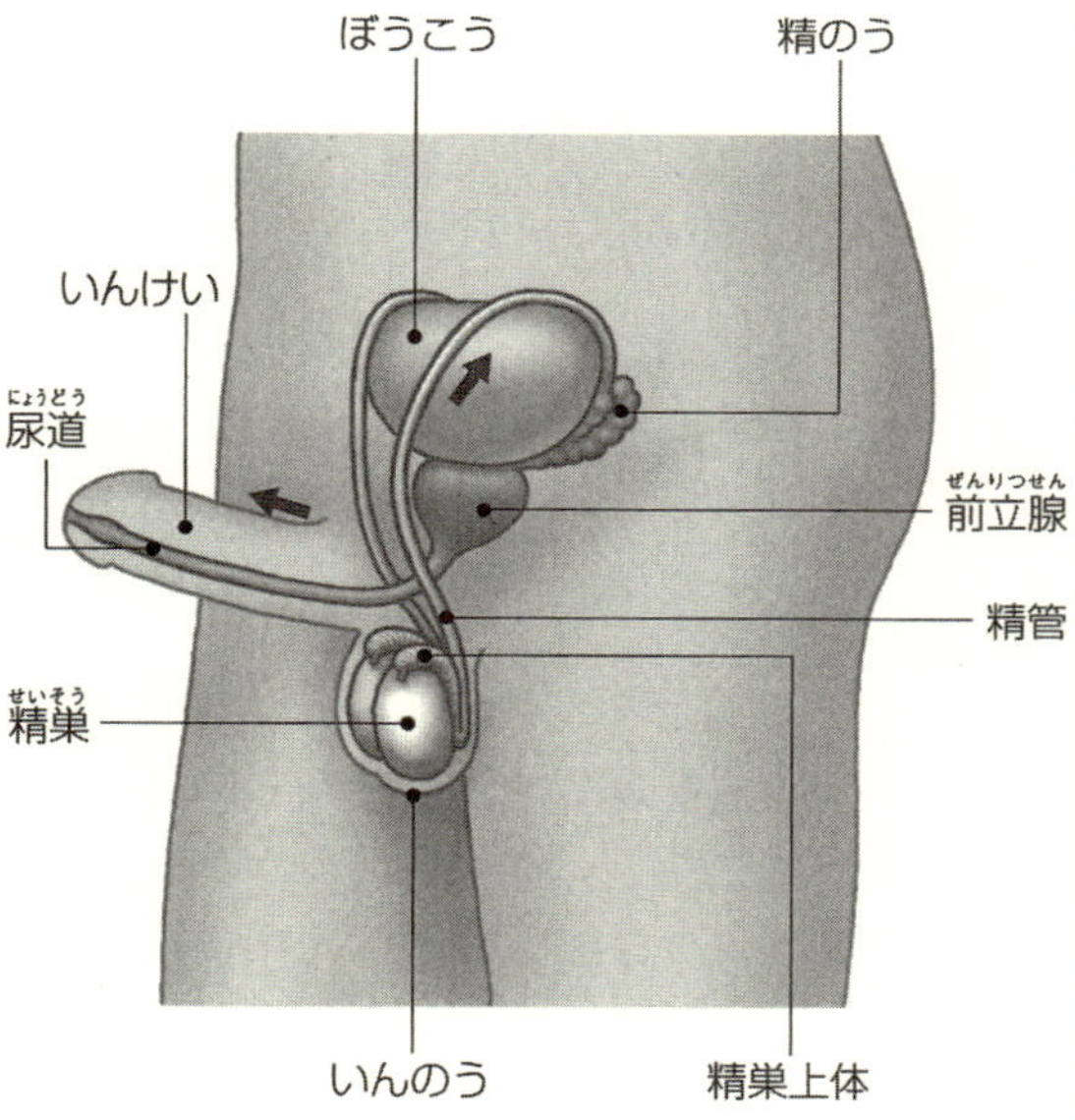

（注）射精のとき，いんけいはかたくなり，上を向きます(勃起《ぼっき》)。

公立中学校保健体育教科書（学研）

くり出した主な原因は、小・中学生が男女同席で受けている「間違った性教育」なのです。
ならば、今後の性教育はどのようにするべきなのでしょうか。

■再び男女の違いについて

女子と男子は、教師との関係性に違いがあります。女子は、先生との結びつきを求めようとします。先生が自分の側に立ってくれること、味方になってくれることを期待するのです。必要なときには先生に助けを求めることをためらいません。逆に男子は、万策尽きた最後の最後まで、先生に助けを求めようとはしません。女子は男子より、先生を喜ばせようとしたり、先生の例を見習おうとする傾向があります。

この傾向は、チンパンジーでも見られます。2004年、タンザニアの森林で3年間チンパンジーを観察していた人類学者のグループが、人間の子供に見られる性差がチンパンジーにも見られると報告しました。女の子のチンパンジーは、先生の例に習おうとする「この場合は、シロアリを採るために適切なやり方で掘る」のに対し、男の子のチンパンジーは、先生をすっかり無視して、好きなように掘りたがる。あるいは、先生の方を見向きもせずに、近くの木につかまってブラブラしたり、ほかのオスと取っ組み合いをしたりしている。だから男の子のチンパンジーは、女の子に比べて作業を覚えるのがずっと遅いということです。

たしかに、女子は休み時間などに先生と一緒にいる光景を見ることが多くあります。この傾向がチンパンジーにも見られるとは驚きです。私たちは彼らとは98％以上同じ遺伝子を持っているということをあらためて認識させられます。

教育心理学者エヴァ・ポメランツによると、教師との関わり方における性差として、女子は、先生からのネガティブな評価に傷つくリスクが高いといいます。女子は自分の失敗の意味を拡大解釈する傾向があり、何かで失敗すると、わたしは先生をがっかりさせてしまったから、わたしには価値がないと考えてしまうのです。それに対して、男子は自分が何かを失敗しても、その特定の分野に限られたことだと割り切ります。これは、男子はもともと、先生を喜ばせようとあまり考えないためかもしれません。このように、男女の行動を細かく観察すると、気がつかない性差があることがわかります。

■男女共学とは

エミー・ワーナーとルース・スミスの調査では、男子の心理的発達や身体的な強さは、幼年期には女子に大きく遅れをとっていても、思春期を経るうちにその差は縮まっていきます。男子は、10代になると、言語能力や学業成績で女子に追いつきはじめ、女子は思春期後半に入ると、ストレスや精神的な問題を多く抱えるようになります。小倉千加子が言うように、女子は思春期に入ると、勉強より自分の身体を磨いて男子の気に入られようとし、そちらに気持ちが向くのでしょうか。学問をするのが目的の学校としては、感心しない方向です。

北アイルランドのベルファストのある地区では、女子は、男女共学の公立校か、女子だけの公立校に振り分けられます。心理学者のJ・グランリーズとS・ジョーゼフが、それぞれの学校の女子たちの自己評価について調べたところ、「あなたはいい生徒ですか?」「あなたの両親はいい職業についていますか?」「スポーツは得意ですか?」「自分を綺麗だと思いますか?」「友達はたくさんいますか?」などの質問に対し、男女共学校では、10以上の質問をしなくても、女子の自己評価がほぼ予測できることがわかりました。それは、ただ「自分を綺麗だと思いますか」とだけ聞けばよく、その答えがイエスなら、その子の自己評価が高いとわかります。たとえ授業に落第点を取っていても、スポーツが苦手でも問題はありません。

男女共学の学校では、自分は綺麗だと思っている女子の自己評価は高く、その逆も言えます。自分は綺麗でないと思っている女子は、たとえその子の成績がオールAだったとしても、自己評価が低いのです。男女共学の学校の女子にとって、最も重要なことは自分がどう見えるかであって、自分がどんな人間かとか、自分に何ができるかといったことではありません。

一方、女子校に通う女子にとっての自己評価は、学校での成績や、社会的な経験、家の収入など、さまざまな要素が絡んだ複雑なものになります。確かに外見も問題になりますが、それは数多い要素の一つに過ぎません。

この報告も、思春期の男女共学の欠点を指摘しています。女生徒の場合、男子の視線が気になるために学業がおろそかになるのです。男女共学の明らかな欠点です。

ジョンズ・ホプキンス大学の社会学者ジェイムズ・コールマンは、40年前に、アメリカの男女別の高校と、男女共学の高校の生徒たちにインタビューしました。それによると、共学校の生徒たちが最も気にしているのは、誰の外見が1番かっこいいか、誰が1番人気があるか、誰が1番スポーツが得意かといったことでした。思春期の男女には、共学は学業の妨げになるとコールマンは結論づけています。将来どんな仕事をしたいかと聞かれた場合、共学校の女生徒たちは、ファッションモデルや女優になるといった夢を口にします。それに対して、女子校の生徒たちは、ビジネスや科学方面での職業に就くための準備について話します。

一般的には、女子と男子は共学の方がいいと思われています。学業の面はともかく、社会的な発達や適応の面では共学が望ましいだろうと思われるからです。ですが、現実は決してそうとは言い切れません。思春期の男女は、お互いを性的な対象として見つめるようになるので、本来であれば青春の希望にあふれ、限りない可能性を秘めた前途洋々の人生のスタートラインに立っているのに、目の前の異性にのみ心を奪われて、本来の青年らしい行動も思考も抑制されてしまうようです。

やはり、思春期の男女を対象にする場合は、生物学的な基本である生殖行動に対する考慮が必要なのです。思春期にある彼らは、霊長類に例えれば「発情期」なのだということを、もっと真剣に考える必要があります。

■男女別の教育では

それに反して、男女別の教育の利点は学業だけにとどまりません。カナダのモントリオールの低所得地域にある公立校、ジェイムズ・リン・ハイスクールでの例を見てみます。

5年前に、校長のウェイン・コムフォードは、男女共学を廃止して、男女別の制度につくりかえました。女子と男子のクラスを完全に分離したのです。この改革があってから、常習の欠席は3分の1に減り、標準テストの点数は15％上昇し、大学進学率もほぼ倍になりました。それだけでも充分すばらしい成果ですが、心理学者R・サックスがコムフォード校長から聞いた話では、男女別方式に変更されてから、10代での妊娠の割合が著しく減少したといいます。以前は一年につき平均15人ほどの女子生徒が妊娠したが、今は1年で2人ほどに減ったということです。

そこで、R・サックスは、近隣の女子校を数校訪れて調査したところ、すべての女子校で、教師、管理職、生徒指導員だけでなく、生徒たちも口を揃えて証言した事実があります。望まない妊娠の起こる割合が、その近隣にある男女共学校よりはるかに低いということです。

女子校で望まない妊娠が起こる率が低いのは、もともと軽々しくセックスしないような女子が女子校を選ぶからかもしれません。しかし、リン・ハイスクールの場合、生徒そのものにはまったく変化はなく、カリキュラムも先生も学校の予算も変わっていません。ただ男女別の方式に切り替えただけで、10代の女生徒の妊娠率が7分の1に低下したのです。これが一番重要なところです。

現在の社会の「性」の乱れの一番の犠牲者は、希望しない妊娠の結果中絶手術で命を絶たれる胎児。さらには、この世に生を受けたのもつかの間、虐待で殺される嬰児です。思春期の男女が一緒に行動する機会が多ければ、お互い仲良くなる機会も増えます。思春期の男女が仲良くなれば、当然にセックスをすることになります。なにしろ彼らは「発情期」なのですから。それを抑制する効果が見られるということは、なにものにも代え難い効果です。しかもそれは、ただ単に男女を別々に教育しただけなのです。現在日本で行われている、男女共学平等教育についても再検討する必要があるように思います。

しかし、多くの教育関係者や教育問題担当の政治家は、現在でもなお、女子と男子の違いは社会的につくられた役割からくるものであって、生物学的な根拠はないと信じており、女子と男子に生来備わった生物学的違いを認めようとしません。そして、女子と男子が、異なる要求、異なる能力、異なる目標をもって教室に入ってくることにまったく気づいていないし、まったく理解できないでいるのです。

多くの社会科学者は、生物学を正しく理解していないため、このような性差の研究に対する、生物学的情報に基づいたすべてのアプローチを侮辱してきました。幸い、このような生物学嫌いの社会科学者は勢いを失いつつありますが、今なお「男女の心理に性差はない」という、生物学的にはありえない説が依然として教科書に現れ、それが真理として繰り返し主張されています。このような主張は、科学的な論理づけに基づくものではなく、良き意図が悪しき哲学（男女は平等であるから男女は同じ能力を持つ）と結びついたために起きた間違いなのです。

■望ましい教育とは

セックスを可能にするのは、男ではなく女です。女が拒否すれば、男はいくらあがいてもセックスはできません。その場合は強姦になります。現在日本で起こっている、性体験年齢の低年齢化の進行と、それによる望まない妊娠や幼児虐待の増加は、男が持ちかけたセックスを女が簡単に受け入れてしまうから起こるのです。その結果、お互いの将来が台無しになってしまうわけですが、特に女性の方がそのダメージが大きいのです。

私は断言します。幼児虐待の原因は次の2つです。

（1）連れ合いの男が、女の連れ子を殺す。または連れ合いの女が産んだ子が、自分の子ではないと疑ったときに殺す。（2）未婚の女が生まれた子の処置に困って殺す。

これらの原因は、10代前半から性に興味を持たせる現行の性教育です。

その対策は、現在小中学校で行われている「間違った性教育」を即刻中止することです。小中学校では、一般教養をしっかり教え込むべきです。知識の詰め込みではなく、人間性を高め、創造性を育み、協調性を身につける教育であるべきです。性の知識は、その教育が終了して、自分の将来に対する指針がしっかりできあがってからでいいのです。決してこの順序を間違えてはいけません。

性教育の問題の次に、ジェンダーフリー教育と男女共学問題があることがわかりました。男と女を、差別なく同質として教育することは、生物学的に明らかに間違いです。思春期は、男は男同士、女は女同士で切磋琢磨することが、お互いの精神や学力向上につながり、少年から男性に成長し、また少女から女性に成長する助けになります。

戦後日本は、米国の占領制度下に導入された男女共学制度を、まったく何のためらいもなく受け入れてきましたが、はたしてこの制度が、生物学的に見て、幼年期の教育に、思春期の教育に適しているのか、再検討する必要を感じます。早急に検証するべきでしょう。

心理学用語で、社会化とは、子供が社会の慣習や道徳観を学ぶプロセスを指します。歴史上のあらゆる文化で、社会化のプロセスは、基本的に同性だけのコミュニティの役目でした。娘の母親、息子の父親だけでなく、コミュニティのすべての女性がその文化の伝統や慣習を女子に教え、すべての男性が男子に伝えていたのです。親だけではなく、コミュニティ全体が引き受けるべき仕事でした。現在では、子供たちを大人の社会に導き入れるための、このような教育をする慣習も見られませんし、学校でも行っていません。

女子には、月経という、女子から女性に変わる歴然とした通過儀礼が存在するので、女子のアイデンティティに関しては揺らぐことはなく解決しています。女子は、現行の性教育問題が解消すれば良い状態に戻るでしょう。しかし、男子に対しては、現行の性教育を廃止した後に、しっかりした男性教育が必要です。少年が男性に生まれ変わるための通過儀礼教育です。男子の通過儀礼教育とは、力の弱い女を自分の命をかけて守り通す強い男をつくることです。もともと夫には、妻を守るために敵と戦う配偶者防衛という本能があります。この本能を眠らせておかないで、しっかりと働かせるのです。

中世の西洋には、アーサー王伝説に登場する騎士たちの女性崇拝精神＝騎士道があります。これは物語ですが、この中に登場する騎士たちのストイックな女性崇拝の精神に、配偶者防衛の遺伝子による支配を感じます。大いに参考にするべきだと思います。

この女性崇拝精神を本当に実践したすばらしい男たちがいます。１９１２年、タイタニック号に乗り合わせた男性たちです。全長２６９メートル、２０００名を超える乗員乗客を乗せることができる「海に浮かぶ宮殿」と呼ばれたタイタニック号は、１９１２年４月10日にサザンプトンを出航して、処女航海へと向かいました。４月14日午後11時40分、ニューファウンドランド沖で氷山に接触、タイタニックは右舷をおよそ90メートルに渡って裂かれてしまいます。それにより、沈むはずのない船と呼ばれていたタイタニックも、沈没が避けられないと判断されました。乗員乗客の半数分しか救命ボートが用意されていなかったことから、船長は乗客の女性と子供優先で救命ボートに乗せるように指示を出しました。午前２時５分に最後のボートが降ろされると、その後間もなく午前２時20分にタイタニックは海に沈んでいきます。乗客８

タイタニック号の生存率（生存者数／乗船者数）

乗客	男性大人	女性大人	男性子供	女性子供	全体
一等	57/175 32.57%	140/144 87.22%	5/5 100%	1/1 100%	203/325 62.46%
二等	14/168 8.33%	80/93 86.02%	11/11 100%	13/13 100%	118/285 41.40%
三等	75/462 16.23%	76/165 46.06%	13/48 27.08%	14/31 45.16%	178/706 25.21%
全乗客					499/1316 37.94%
乗務員全体					212/885 23.95%
乗客・乗務員全体					711/2201 32.30%

（中野知律也編『ジェンダーから世界を読む』より）

１７名、乗務員６７３名を乗せたタイタニック号が沈むまでの時間はわずか2時間40分でした。

これは船長の指示による行動ではありますが、豪華客船の処女航海なので、アメリカの実業家、大統領顧問、イギリスのジャーナリストといった金持ちや著名人が大勢乗り込んでいました。彼らは皆、女性と子供のために沈みゆく船に残ったのです。ある人は「紳士として最後の時を迎えたい」として正装していたということです。

これこそが本物の男性の姿ではありませんか。これはつくり話ではなく、１００年ほど前にあった本当の話です。今日地球上に生きている総ての男の細胞には、このタイタニックと共に沈んだ紳士たちと同じ、配偶者防衛遺伝子が入っているのです。

さあ男子諸君、誇りを持って女性、子供を守ろうではありませんか。これは男にしかできない行動です。少年から男性になるための通過儀礼を突破しましょう。

そのためには、何をしたらいいのでしょうか。まず男は身体を強くすることが第一です。それには筋肉トレーニングです。毎日15～30分腕立てや腹筋運動をするのです。持久力をつけるために、ジョギングやランニングを週2回1時間以上やりましょう。第二は、精神力を鍛えましょう。女性はか弱い存在です。いたわる気持ちを育てましょう。ルソーが『エミール』で著わしたように、すばらしい伴侶を見つけるために、我慢すべきところは我慢する精神力を鍛えましょう。マラソンなど、耐久力を鍛える運動も有効でしょう。登山や長距離の歩行など、精神力を鍛える方法はいろいろあります。第三に、度胸をつけましょう。男は社会に出ると色んな場面で度胸が試されることになります。物事に動じない度胸をつけたいものです。さて、度胸は一体どうすればつくのでしょうか。安心してください。度胸は第一と第二を実行すれば、自然についてくるものです。

このように、男子の通過儀礼を卒業することは簡単ではありません。しかし、この関門を通過できなければ本物の男にはなれません。渋谷や新宿の町では、身長だけすらっと伸びたいわゆるイケメンを大勢見かけますが、私に言わせれば、少年から男性になりきれない「男もどき」ばかりのようで心配です。こんな「男もどき」が、女性に暴力をふるうＤＶ（家庭内暴力）を行い、まったく身勝手な、自分の性欲を満たすだけのために、女の連れ子を殺したりするのです。

男の本能である配偶者防衛には、騎士道精神のような陽の力に対して、陰の力である、妻に対する暴力が潜んでいます。夫が妻を自分の思い通りに支配できないときに現れる行動です。これを押さえ込まなければいけません。それにはどうすればよいのでしょうか？

それは、この男の通過儀礼の関門を突破することにより達成されます。通過儀礼を突破して男としての自信がついた男性は、性的二型の男と女の肉体の違いを充分に理解していますから、弱い女に対して暴力はふるいません。女に暴力をふるう行動は、男の通過儀礼を経験せずに成長してしまい、男としてのジェンダーアイデンティティが未成熟な「男もどき」の連中がすることです。それにしても、今の世の中「男もどき」が多すぎます。

結語

■不安な子供たち

心理学者のジーン・トウェンジが、１９５０年代から現在までの子供たちの記録を調べたところ、現在の子供たちは、１９５０年代の子供たちに比べて、不安とうつを感じる例がかなり増えていることがわかりました。それどころか、現在の子供たちは平均して、１９５０年代に実際に精神科医にかかっていた子供たちより、強い不安を感じているというのです。そして、現在の一般的な子供は、50年前なら、みんな「精神病患者」とみなされていただろうと言います。

トウェンジは、この理由について2つの主な理由をあげています。１つは、過去50年の間に家族構造が解体したことです。１９５０年代の子供たちの多くは、大家族に囲まれ、祖父母や従兄弟、叔父叔母たちも近所に住み頻繁に行き来していました。今の子供たちには、近所にそうした家族や親戚がいることが少ないばかりでなく、両親がそろっている家庭すら少なくなってしまい、片親だけに育てられる例の方がはるかに多くなってしまいました。２つ目の理由は、子供たちが個々の生活の中で不安定さを多く感じるようになったことです。子供たちは、今一緒に暮らしている親と、2、3年後にも一緒に暮らしていられるのかの確信が持てないくらい、あやふやな家庭環境の中で暮らしているのです。その親も実夫ではなく、継父の家庭が増えています。

さらに、レナード・サックスは３つ目の理由として、今の子供たちは50年前の子供たちと比べて、自分は男であるとか、女であるというジェンダー（社会的性役割）の感覚が希薄になったことをあげています。

１９７０年以降、西欧諸国で行われてきた男女平等教育は、ジェンダーを区別する教育を軽視してきました。学校教育のカリキュラムから女子と男子の区別がなくなったため（例えば日本の小学校では、体育の時間に男女同室で着替えをする）、社会的な役割に関して、女と男の区別がぼやけてきたのです。このような現象は、決して子供たちの幸福には結びつかないばかりか、思春期の子供たちは、自分のジェンダーが男性なのか女性なのか、どちらの性に根ざしているのかという感覚が希薄になってきて、進むべき方向を見失ってしまったのです。だだっ広い荒野を、進むべき道も目的地もわからず、コンパスもなしに旅しているようなものだとR・サックスは言います。

要するに、50年前と比べて、今の女子も男子も、大人の女性や男性になるということの意味がぼやけてしまったのです。最近、日本でも草食系男子などという言葉が流行していますが、フロリダのジェニファー・ユンガーらが２００４年に発表した研究によると、子供は自分の属するジェンダーに満足しているほど、精神的に安定しています。自分のジェンダーに満足している子供は、ジェンダーの一致しない子供より自信に満ち、不安が少ないのです。

この30年間に広く行われてきた、ジェンダーを無視した教育は誤りでした。

１９９０年代末まで、心理学者たちは「ジェンダー規範に適合した子供たちは、ジェンダーの拘束にしばられた子供になりやすい」と信じていました。ですが、それは間違っていました。女性的な女の子や男性的な男の子は総じて、男性的な女の子や女性的な男の子よりも、幸福感、満足感を得やすいのです。人間のジェンダーは、生後の教育や社会的慣習で体得するものではなく、生まれつき生物学的に決定されているものであることは前述したとおりです。男女共同参画社会を構築するという政治的な観点に従って、子供たちをつくりかえようとする間違った教育を廃止して、子供たちのジェンダーに基づいた教育をすべきです。

■家庭崩壊

60年代と70年代のヨーロッパで起こった性革命、フリーセックス運動は、伝統的な性規律を拒否する舞台となりました。近代的な避妊技術の普及、結婚前の性関係の一般化、結婚生活における官能性の評価などです。性行動パターンの変化により、人口動態に2つの大きな変化が起きました。結婚年齢の低下と出生率の下降です。統計的な大変動は、フリーセックス運動が単なる流行ではなく、大衆的な現象であったことを意味するものです。

この運動の洗礼を受けた現在、米国では伝統的な男女の絆による家族の存在や、女性が家庭をとりしきることなどを基礎的な特徴とした、核家族の数が減少しつつあります。１９６７年から１９７７年の10年間に離婚率は倍増し、母子家庭の数が３分の１ほど増加しました。１９７７年には、学童の３人に１人は片親か、あるいは親戚のもとで暮らしており、学童期の子供を持つ母親の半数以上は、家庭外で職を持っています。共稼ぎの家庭では、託児所が親代わりを務めるようになってきており、学校が終わってから、両親が帰宅するまでの間、保護者のいない「かぎっ子」も増えています。

結婚は、今や離婚や家庭崩壊というかたちで終わることがめずらしくありません。１９９５年までの10年間で、イギリス人の３００万人が離婚し、１００万人の子供が、父親か母親の一方と一切の接触を断つことになってしまいました。一人親家族は、ごく普通になりつつあります。

イギリスでは、一人親の家族は、１９８６年には７世帯に１世帯の割合でしたが、１９９２年には５世帯に１世帯の割合に増えており、１９９３年には、一人親の元で暮らしている子供の数は２５０万人にもなりました。世界規模でみると、アフリカ、南米、カリブ諸国などで母子家庭・父子家庭の比率が20～30％にのぼり、ヨーロッパでは、さらに多く、最大で35％になります。このうち90％は母子家庭です。

その中で特に目をひくのが、従来型の離婚によって誕生した一人親家庭とは違う形態、はじめから未婚で子供を生んだ結果の一人親家庭も増加しているのです。１９８６年の数字では、離婚によって母子家庭となった割合は、家族全体の５・６％、未婚の母子家庭は３・２％でした。1992年には、それぞれ6・4%、7・3%と推移しています。つまり、6年間に、未婚の母の家庭が2倍以上も増えたのです。女性の経済的自立は進んでおり、一人親家庭の圧倒的多数が母子家庭です。イギリスの全世帯のうち、母子家庭は19・1%なのに対し、父子家庭はほぼ10分の1の1・8%にとどまっています。

イギリスのケンブリッジにある、家庭問題研究所のマーティン・リチャーズ所長は、親が離婚した子供は、経済的にも社会的にも困難な状況にあると報告しています。そうした子供たちは大きくなるにつれ、貧困に苦しむばかりでなく、学業成績もふるわず、早婚で、自らもまた離婚する確率が高いと指摘します。

離婚家庭の子供は、両親の関係が安定している家庭の子供に比べ、大学進学の機会に恵まれず、20歳前後で結婚してしまう者が45%にのぼります。両親そろった家庭の子供の場合、それは15%止まりです。リチャーズ所長はさらに、子供にとっては、親と死別したり、はじめから一人親だった場合より、親が離婚することの影響の方が大きいことも指摘しています。「離婚というのは、何か特別な意味あいを持つものだ。親に対する敬意が一気に失われる例も顕著だ。子供にとっては父親から、もうおまえには会いたくないという意志を突きつけられるようなもので、実につらいことだ」というのです。

1993年の1年間に、イギリス国内で結婚した夫婦は30万組を下回ってしまいました。その影響で、婚外子がどんどん増えています。第2次世界大戦中に9%くらいであった婚外子が、現在では30％を占めるまでに増加してしまいました。

■結婚の形態の変化

現在では、結婚しているかしていないかで、子供に対して、嫡出子か非摘出子かという区別をするのは時代遅れのようです。これからの子供たちは、同性愛者２人に育てられる子、あるいは代理父、代理母のもとで誕生する子、提供を受けた受精卵から誕生する子など、今後の展開を予想するのは不可能に等しいくらいのバリエーションが考えられます。

このような急激な変化を見ていると、結婚という制度は何とも古びたものに思えてくるとアンソニー・スミスはいいます。しかし、親の子供への責任は、結婚とはまったく別の問題であり、その責任がなくなることはありえません。

日本では、ヨーロッパ諸国で起きているような「家族の解体」は、まだ深刻化しているとはいえません。日本人の婚姻率はまだ高く、40歳代までに、国民の95％以上が一度は結婚の経験を持ちます。西洋諸国はおしなべて国民の10～20％が生涯結婚しません。日本では、離婚率も上昇傾向にありますが、未だアメリカや北欧ほどではありません。

２００８年1月の、フランス国立統計経済研究所が公表した人口統計では、新生児のうち半数以上が婚外子です。フランスでは、婚外子の割合が増大の一途をたどっており、２００６年には83万２８８人の新生児のうち、婚外子が41万９１９２人を占め、すでにその比率は50％を

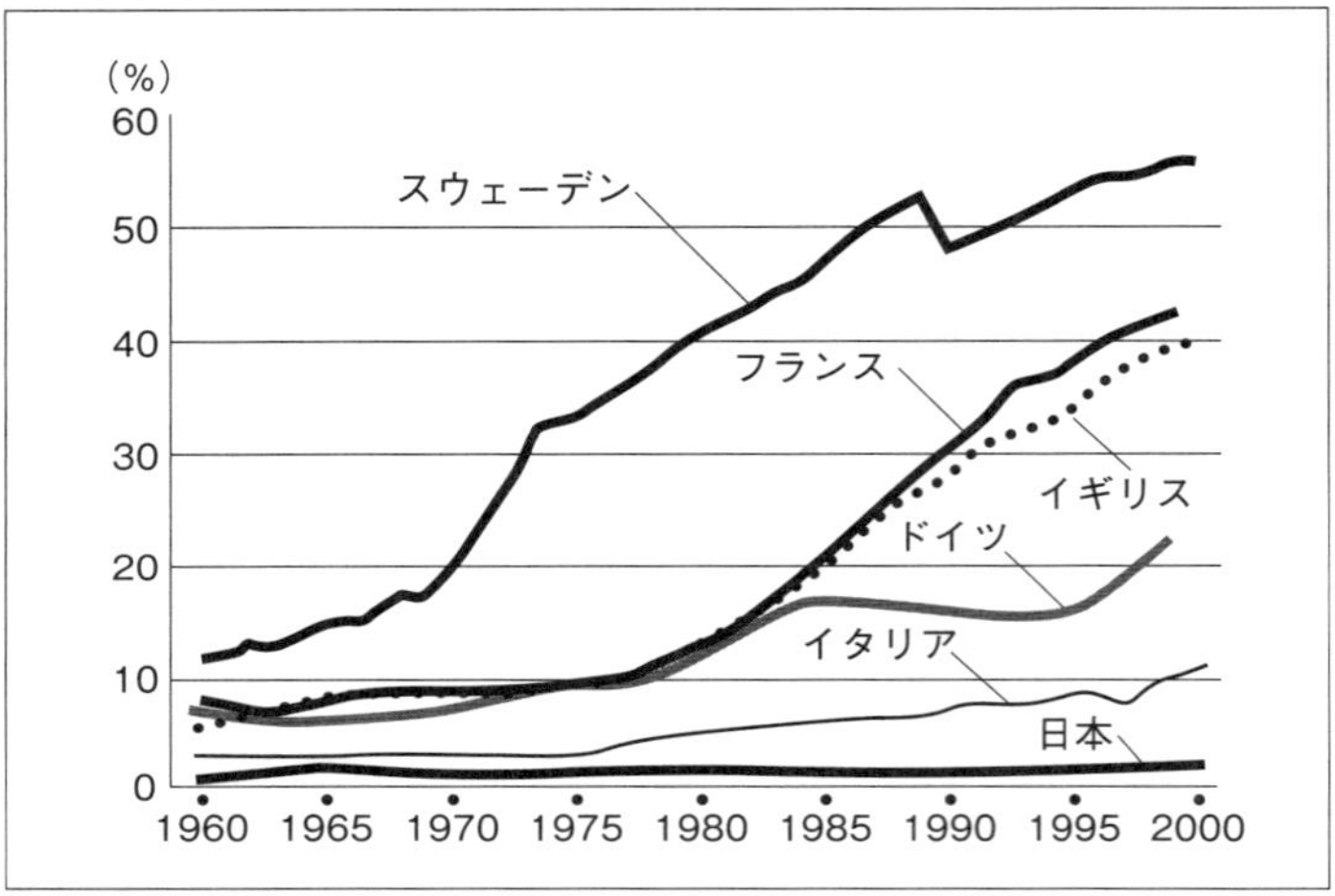

主要国の全出生に対する婚外子割合（1960 〜 2000 年）

（山本彰編『ここがおかしい男女共同参画』より）

超えています。

婚外子が過半数を占めるようになった背景には、結婚を選ばないカップルが増えているという事実があります。結婚を選ばないカップルが単なる同棲にとどまるのかというと、そうでもないようです。フランスでは、結婚でも同棲でもない第3の制度が確立していま す。それがパックス（ＰＡＣＳ）といわれる制度です。結婚という形を取らないか、あるいは取ることができないカップルに対して、パックスを締結すれば、結婚に近い法的保護を受けることができるのです。

フランスにおける新規婚姻数は、１９７２年の41万７０００組をピークに下降に転じました。それと呼応するように、60年代末から同棲が増え始めました。70年代の同棲は、妊娠を契機に結婚に移行することが多かったのですが、80年代になると、子供が生まれても内縁関係にとどまるカップルが著しく増大しました。１９８０年は婚外子が11％だったのに対し、90年には30％にまで増加しています。以上のような社会の変化を受けて、結婚以外の形態に対する法的保護の必要性が認識されるようになり、１９９９年11月にパックス法が成立したのです。

パックスは、様々な訳語が試みられていますが、「連帯民事契約」というのが適切でしょう。パックスで結ばれたパートナー同士は、共同生活を送り、相互に金銭的な扶助を行う義務を負いますが、結婚のようにお互いの貞節の義務は規定されていません。

１９６０年代に北欧で火の手をあげたフリーセックス運動、それに連動したフェミニズム運動による男女共同参画を目指したジェンダーフリー教育が、私たちの伝統的な性意識を覆してしまいました。結婚制度は崩壊し、少子化が進み、婚外子が増加し、継父による虐待など、現在の千々に乱れた社会現象はすべてこのことが原因で起こっています。それにより、私たちの未来を託す子供たちに、途方もない悪影響が及ぶことになりました。

子供たちを温かく支える祖父、祖母などの家族が消えてしまったこと、それよりも一番肝心な両親さえ、いつ離婚するかわからないような不安定な家庭内事情、親の離婚に傷つく子供たち、母子家庭の増加、継父との関係に悩む子供たち、性体験の低年齢化、ジェンダーフリー教育で性役割がぼやけてしまった子供たちなど、あまりにも子供たちの犠牲が大きくなっています。フリーセックス運動は、性を神の戒律から解放した意義はありましたが、性を自由にしすぎた結果、その数百倍もの悪影響がもたらされてしまいました。

■性教育の間違い

現在、公立小学校では、3～4年生で前述の教科書を使用した性教育を行っています。この年代は人間形成教育の途中であり、「性」に対する心構えはまったくない時期です。その子供たちに、いきなり性器を図示した教科書で性教育を行い、中学生にはセックスをするしないは自分の判断で決めなさいと指導する教育は、まったく想像を絶する暴挙です。その結果、早々と性体験をしたけれど、ボーイフレンドにはすぐに逃げられたし、今さら勉強もする気になれないし、堅苦しい結婚もせずにフリーター暮らしで、誰とでも気が向いたときにセックスして、場合によっては同棲し、偶然なのかそれとも本気なのかわからないまま子供をつくり、少しのあいだ可愛がったけれど、その子供を新しい男に虐待されて、気がついたらもう若くない年で、何の資格もなく、たいした仕事もできず、社会の最底辺の生活に甘んじている女性。男性もまったく同じです。

最後にもう一度くりかえします。幼児虐待の原因は次の2つです。

（1）連れ合いの男が、女の連れ子を殺す。または連れ合いの女の産んだ子が、自分の子ではないと疑ったときに殺す。（2）未婚の女が生まれた子の処置に困って殺す。

これらの原因である現行の間違った性教育を直ちに廃止しなければいけません。

■これから進むべき道

現在の社会の倫理観や人間観が揺らいでいることは、誰の目にも明らかです。このことはすでにずいぶん前から言われてきているのですが、新しい倫理観の代替案はまだ現れていません。おそらく、人間とは何かをもっと深く理解しなければ、次の時代を担う倫理観を樹立することは不可能なのでしょう。人間の遺伝子の98%以上は、チンパンジーと同じであることを再確認するべきです。もっと「人間を生物学的に把握」し、新たな倫理観の基盤原理としなければいけません。

生物学者長谷川寿一は「工学の基礎として物理学があるように、21世紀の倫理学の基礎としての役割を生物学が果たすだろう」と予言しています。今までの社会学者や哲学者、教育学者たちは、生物学を無視してきました。何度も述べてきたように、男性と女性は、生まれつき脳の構造も身体能力も異なっているのです。その根本を理解しないで、教育カリキュラムをつくったり社会構造をつくったりするのは、あまりにも無茶というものです。

心理学者R・サックスは、ジェンダーフリー教育について次のように言います。

「今から100年後、学者たちは21世紀はじめの文化の解体を振り返るでしょう。そして、この時代の社会構造が崩れた根本的な理由は、ジェンダーを軽視した教育にあったと結論づけるかもしれません。ジェンダーが重要なものだと理解するのに、なぜこんなに時間がかかったのかと首をひねるでしょうか？　もうそろそろ目を覚ましていい時期でしょう」

私たちのこれからの努めは、男性と女性の生来の違いを認めて、はぐくむ勇気と英知を持つ社会をつくり出すことです。男はより男らしく、女はより女らしく生きるのが生物学的に正しい生き方、すなわち人間として一番幸せな生き方です。その根本を間違えては、幸せな未来は訪れないでしょう。繰り返しになりますが、男は男をつくる通過儀礼教育をしなければいけません。女は「性」をしっかりと、自分の人生の一番重要なものと位置づける教育をすることです。それにより、私たちは、お互いに愛情といたわりの心をもった、人間らしい温かみのある社会を構築することができるでしょう。

今日まで、私たち日本人が手本にしてきた西欧人の文化は、「個」の文化です。子供の頃から、個人の独立した人格形成を目指す教育をします。生後まもなく、親子は別々の部屋で眠ります。

先日、あるＴＶ教養番組で、米国では、小学生にもなって親子が一緒に入浴するのは性的虐待になると言っていました。私たちから見ると耳を疑いたくなる発言ですが、浴室のつくりが違いますから、一概には批判できないと思います。しかし、個人主義がちょっと行き過ぎていないでしょうか？　西欧人は、家族とはどんなものかを、生物学的に考え直す必要があると思います。父親と母親と子供たちが、肩を寄せ合って眠るのが家族の形です。別に親子が川の字

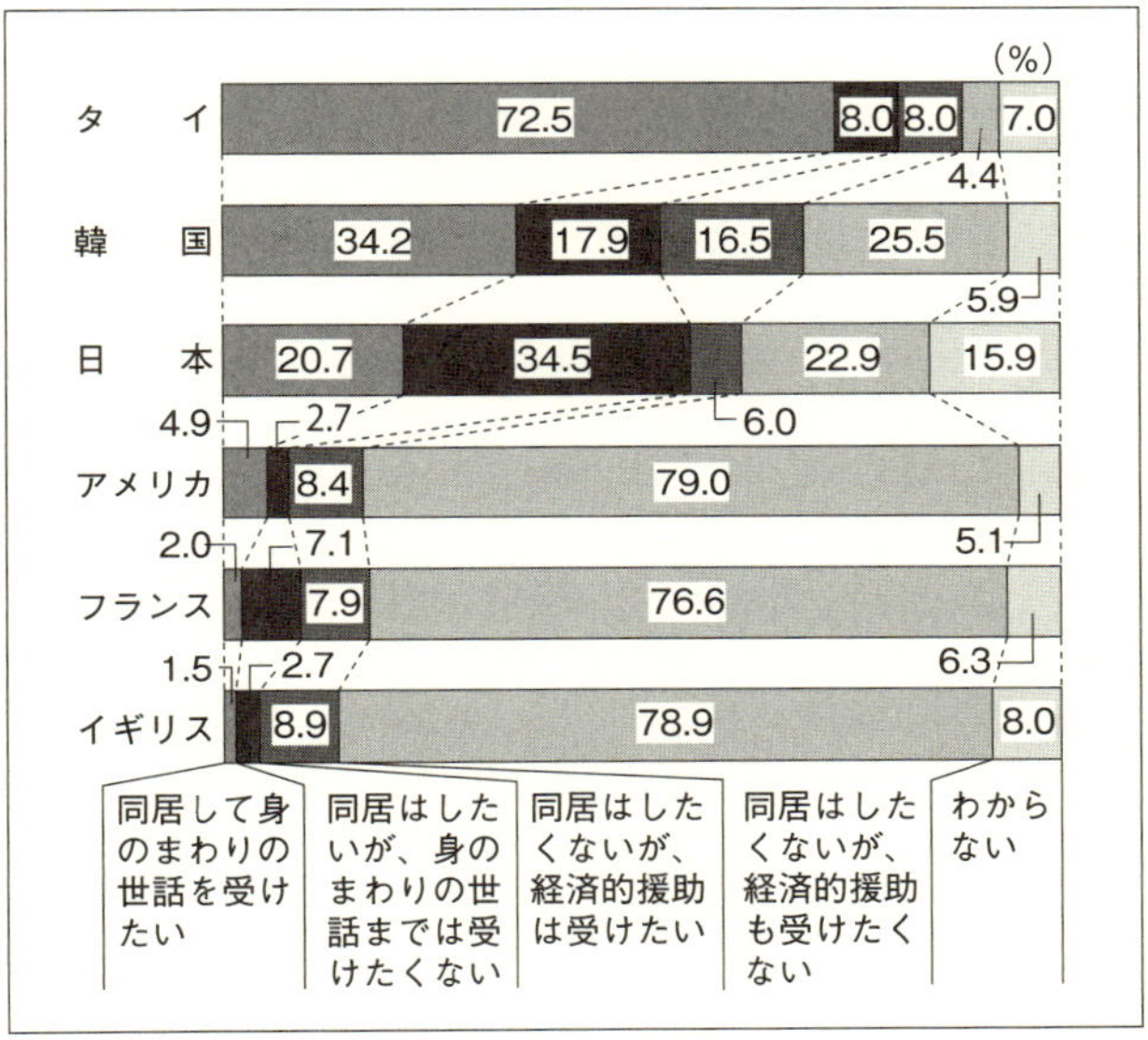

子供との同居希望国際比較（1981 年）

（柏木恵子編『結婚家族の心理学』より）

になって眠る必要はありませんが、親と子は、特に母親と子供たちは、そのようなスキンシップによって、母も子も成長していくのです。できれば、近くに祖父祖母がいて欲しいものです。

親が年老いたとき、子供と同居したいか否かを尋ねたアンケートがあります。結果は、東洋人と西欧人で見事に分離しました。東洋人は子供との密度の濃い関係を存続したいのに比べ、西欧人は子供とはまったく別の生活を希望しています。これは、子育ての違いによる結果であり、西欧人は孤独な老後を甘んじて受けるしかないのです。私たち東洋人の家族団らん、和気藹々の人生を、彼らは知らないのです。

私たち日本人は、明治以来、西欧文

明を手本にしてきました。しかしその時代は終わりました。これからは、私たち日本人が西欧人の手本になるべきです。時代はチェンジしたのです。

さて、今まで大勢の識者たちが、改善の糸口も見つけられず頭を抱えている、現在の乱れたこの日本の社会は、どうやって建て直したらいいのでしょう。

解答は、もうお解りの通りです。簡単明瞭です。男も女も「性」に慎重になることだけです。若者諸君に伝えて下さい。軽率な性行為はあなたの将来を限定的なものにしてしまいかねない重大事です。性行為をする前にしなければいけないことがたくさんあります。青春時代は大いに学び、大いに悩み、そして人間的に大きく成長する時です。あなたの将来は無限に開けています。さあ、たった今から、「性」に対して自制心を持とうではありませんか。そしてまた昔通りの落ち着いた、家族の温かみの溢れた人間社会をつくり直そうではありませんか。

おわりに

数えきれない喜びや悲しみを越えて、子育てを終え、子供たちが独立して離れていき、また夫婦だけの日常に戻り、時が過ぎて、今度はかわいい孫を囲んだ穏やかな老後の人生が始まります。私たち日本人の家族は世界一です。

最近、結婚しない若者が増えています。不特定多数の相手とセックスだけ楽しんで、独身で過ごす。若いうちはその自由さがよいのでしょう。しかし、年をとって一人だけの孤独な生活は寂しいものです。もちろん子も孫もいません。孤独のまま一生を終えることになるのでしょう。

私たちの遺伝子は、98％以上他の霊長類と同じです。もうすっかり忘れてしまった家族の営みを、彼らから学ぶことが必要です。

近頃は、兵役も男女平等なのか、女性兵士も見られるようになりました。この間といってもかなり前になりますが湾岸戦争の際、捕虜になった米軍の、若い金髪の女性兵士が生還したTVニュースを見たのを覚えています。確かに、武器を使えば、男も女も腕力には関係なく、同等に戦えると思いますが、ストレスやスリルに対する脳の反応の性差を考えると、やはり兵士は男性に限るべきではないでしょうか。その屈強な男性兵士でさえ、退役後にPTSDに苦しんでいるという報道もありましたから、戦場でのストレスがいかに過酷なものであるか想像もつきません。男女は平等ですが、同質ではありません。

ありがたいことに、日本には戦争がありません。しかし、この平和な繁栄した日本で、日常茶飯事に幼児虐待が起きています。

8月、この原稿の執筆中に、大阪で若い母親が3歳と1歳の我が子をマンションに置き去りにして、餓死させるという、あまりにも無責任きわまりない事件がTVで報道されていました。幼児虐待は一体どこまでエスカレートするのでしょうか。

数年前、NHKラジオの番組で、京都大学の山極寿一教授が「人類の最大の発明は家族をつくったことです」といっていましたが、現代という時代は、人類の宝物である家族を壊しにかかっているのではないでしょうか。

これも先日、NHKの深夜放送で聞いたことですが、自殺企画者を救う運動をしている人の談話です。

ある自殺志願者を何とか説得して自殺を思いとどまらせ、その数ヵ月後に、彼の仮住まいを訪問して現在の心境を尋ねたそうです。自殺を思い止まって良かったという返事を期待していたのですが、彼は次のように答えたそうです。

「自分がこれから進む道は、4通りあります。第1は何かの職に就く、第2はホームレスになる、第3は犯罪を犯す、第4は再び自殺する。以上この4通りです」

彼は、命が助かったことに対する喜びなどは一切話さなかったそうです。私は、これを聞いて、彼がなぜ自ら命を捨てようとしたのか理解できました。彼には家族がありません。友人もいません。お節介な人助けに遭って一時的に命は助かっても、相変わらず孤独なままです。彼は地球上の誰一人とも、人とのつながりがありません。これでは人間は生きていけないのです。日本の社会がいくら豊かになっても、父親と母親が共同で子供を育てるという家族制度を壊してはいけません。

人生は楽しいものです。両親から愛されて育ち、思春期になると異性に対してほのかな憧れを抱き、両親を疎ましく思うようになり、性の芽生えに悩みつつ、一生の伴侶を見つけて、両親の元から巣立っていく。永六輔作詞の『幼なじみ』にあるような、これが私たち人間の一生です。

いくら人間社会が進歩しても、これ以上すばらしい人生は決してないことを忘れないで欲しいものです。今の日本の社会は、10代の男・女の「性の亡者」や「性の奴隷」が、いたるところに徘徊しています。一度しかない人生、それではあまりにも惨めです。

若者をこのようにしてしまったのは、「間違った性教育」です。日本の社会の仕組みをつくっている政治家や、子供の教育を担当している教育者は、一刻も早く、このフリーセックスに振りすぎてしまった振り子を元に戻し、「間違った性教育」を直ちに廃止するために動いてほしいのです。

本書は、各方面の専門家の著書を引用しながら自分の意見をまとめたものであり、自分で調べた例はありません。哲学、宗教学、倫理学、社会学、女性学、生物学の専門家の考えを、広く一般の人々に知ってもらい、それをPTAの会などで取り上げたりすることで、「小・中学生に対する性教育撤廃運動」の輪を広げていくことを願って出版したものです。各方面の専門家の方々による、拙稿の検証を期待して稿を終えることにします。


脳の解剖的な箇所についてアドバイス頂いた、日本脳神経外科学会認定専門医坂田隆一博士、本書の出版に貴重なアドバイスを頂いた学友、港区医師会長赤枝恒雄博士、また、本書の出版にご尽力頂いた、たま出版中村利男氏に感謝いたします。

最後に、日頃いたずらで困らせる小学1年生の孫娘ビーちゃん、毎週末にジジとババの家に泊まりに来てくれる彼女は癒しの天才です。玄関に彼女の小さい靴が揃えて脱いであるのを見ると、ほっと心が和むのを実感します。「ジジー」といって飛びついてきてくれるビーちゃんに、幸せをいっぱい贈ります。また、この原稿を書く後押しを毎日のようにしてくれた妻よしみに心から感謝します。

2011年3月　林　愼吾

参考文献

第1章

『すべてはここから始まった　ＤＮＡ』　ジェームス・ワトソン
『ゲノム医学入門』　西村　肇
『遺伝子の神秘』　山元　大輔
『性の署名』　ジョン・マネー他
『ヒトゲノムとあなた』　柳澤　桂子
『日本医師会雑誌平成22年１３９号・３号』
『ヒトの分子遺伝学　第2版』　トム・ストゥレーチャン他
『たった一つの卵から』　西駕　秀俊
『オトコとオンナ、性と遺伝子』　アンソニー・スミス
『人間の本性について』　Ｅ・Ｏ・ウイルソン
『利己的な遺伝子』　リチャード・ドーキンス
『性同一性障害の基礎と臨床』　山内　俊雄
『女の脳・男の脳』　田中　富久子
『性を司る脳とホルモン』　山内　兄人
『脳と心　人はなぜ愛するか　感情』　ＮＨＫ出版
『男の子の脳　女の子の脳』　レナード・サックス
『性と男脳、女脳』　大島　清
『ブレンダと呼ばれた少年』　ジョン・コラビット
『性愛論』　橋爪　大三郎

『なぜ女は昇進を拒むのか』　スーザン・ピンガー
『オトコとオンナ、性と遺伝子』　アンソニー・スミス

第2章

『ヒトはどのようにしてつくられたか』　山極　寿一
『ヒトゲノムとあなた』　柳澤　桂子
『人間はどこまでチンパンジーか』　J・ダイアモンド
『人類進化論』　山極　寿一
『ヒトの分子遺伝学』　トム・ストゥレーチャン他
『女の脳・男の脳』　田中　富久子
『家族の起源』　山極　寿一
『オスとメス＝性の不思議』　長谷川　真理子
『性選択と利他行動』　ヘレナ・クローニン
『進化と人間行動』　長谷川　寿一
『性と男脳、女脳』　大島　清
『暴力はどこからきたか』　山極　寿一
『オトコとオンナ、性と遺伝子』　アンソニー・スミス
『人が人を殺すとき』　マーティン・デイリー他
『脳と心の進化論』　澤口　俊之
『乱交の生物学』　ティム・バークヘッド
『人間の本性について』　E・O・ウイルソン
『動物の社会』　伊藤　嘉昭
『自由な新世紀・不自由なあなた』　宮台　真司

『女性の進化論』　サラ・ブラファー・フルディ

第3章

『人が人を殺すとき』　マーティン・デイリー他
『人類進化論』　山極　寿一
『ヒトはどのようにしてつくられたか』　山極　寿一
『人間はどこまでチンパンジーか』　J・ダイアモンド
『性の署名』　ジョン・マネー他
『進化と人間行動』　長谷川　寿一
『オスとメス＝性の不思議』　長谷川　真理子
『女性の進化論』　サラ・ブラファー・フルディ
『乱交の生物学』　ティム・バークヘッド
『家族の起源』　山極　寿一
『結婚家族の心理学』　柏木　恵子編
『オトコとオンナ、性と遺伝子』　アンソニー・スミス
『女性学』　ヘレナ・ヒラータ他　編
『科学史から消された女性たち』　ロンダ・シービンガー
『近代ドイツの結婚と家族』　若尾　祐司
『生殖の政治学』　荻野　美穂
『進化論の挑戦』　佐倉　統
『日本の歴史をよみなおす』　網野　善彦
『性と男脳、女脳』　大島　清
『世界の多様性』　E・トッド

『家族の構造』 中根 千枝
『ジェンダーから世界を読む Ⅱ』 中野 知律他 編
『近代家族の成立と終焉』 上野 千鶴子
『お世継ぎのつくりかた』 鈴木 理生
『大江戸開府四百年事情』 石川 英輔
『家父長制と資本制』 上野 千鶴子
『男女交際論』 中村 隆文
『ニートひきこもり』 小田 晋他
『性愛論』 橋爪 大三郎
『性の倫理学』 伏見 憲明
『エミール』 J・J・ルソー

第4章

『女性の進化論』 サラ・ブラファー・フルディ
『近代ドイツの結婚と家族』 若尾 祐司
『女性学』 ヘレナ・ヒラータ他 編
『進化論の挑戦』 佐倉 統
『フェミニズム入門』 大越 愛子
『生殖の政治学』 荻野 美穂
『ジェンダーから世界を読む Ⅱ』 中野 知律他 編
『近代家族の成立と終焉』 上野 千鶴子
『家父長制と資本制』 上野 千鶴子
『性の署名』 ジョン・マネー他

『科学史から消された女性たち』　ロンダ・シービンガー
『オトコとオンナ、性と遺伝子』　アンソニー・スミス
『女の脳・男の脳』　田中　富久子
『人間の本性について』　E・O・ウイルソン
『利己的な遺伝子』　リチャード・ドーキンス
『オスとメス＝性の不思議』　長谷川　真理子
『なぜ女は昇進を拒むのか』　スーザン・ピンカー
『女性と男性』　百瀬　文晃
『性の倫理学』　伏見　憲明
『家族の解体と再生』　上野　千鶴子
『結婚家族の心理学』　柏木　恵子　編
『人が人を殺すとき』　マーティン・デイリー他
『性と男脳、女脳』　大島　清
『人間はどこまでチンパンジーか』　J・ダイアモンド
『すべてはここから始まった』　ジェームス・ワトソン
『男の子の脳　女の子の脳』　レナード・サックス
『進化と人間行動』　長谷川　寿一

第5章

『お世継ぎのつくりかた』　鈴木　理生
『人が人を殺すとき』　マーティン・デイリー他
『進化と人間行動』　長谷川　寿一
『女性と男性』　百瀬　文晃

『これでいいのか性教育』林　愼吾
『日本人とアイデンティティ』河合　隼雄
『オトコとオンナ、性と遺伝子』アンソニー・スミス
『人間はどこまでチンパンジーか』Ｊ・ダイアモンド
『男の子の脳　女の子の脳』レナード・サックス
『オスとメス＝性の不思議』長谷川　真理子
『乱交の生物学』ティム・バークヘッド
『女性の進化論』サラ・ブラファー・フルデイ
『誰も書かなかったアメリカの性教育事情』世界日報取材班
『ここがおかしい男女共同参画』山本　彰　編
『女性学』ヘレナ・ヒラータ他　編
『性と男脳、女脳』大島　清
『フェミニズム入門』大越　愛子
『人間はどこまでチンパンジーか』Ｊ・ダイアモンド
『ジェンダーから世界を読む　Ⅱ』中野　知律他　編
『日本医師会雑誌平成22年１３９号3号』
『生殖の政治学』荻野　美穂
『性の署名』ジョン・マネー他
『生と死のゲノム、遺伝子の未来』アンソニー・スミス
『世界の多様性』Ｅ・トッド
『家父長制と資本制』上野　千鶴子
『ここがおかしい男女共同参画』山本　彰
『進化論の挑戦』佐倉　統

参考文献

『人類進化論』　山極　寿一
『女の脳・男の脳』　田中　富久子
『動物と神のあいだ』　マイケル・W・フォックス
『セックスアンドデス』　キム・ステルニー他
『家族の起源』　山極　寿一
『人間不平等起原論』　J・J・ルソー
『中世騎士物語』　ブルフィンチ
『母性社会日本の病理』　河合　隼雄
『日本人とアイデンティティ』　河合　隼雄
『21世紀家族へ』　落合　恵美子
『性愛と自我』　フロイト

林　愼吾（はやし　しんご）
林クリニック院長。医学博士。
昭和18年生まれ。福井県出身。
昭和43年、東京医科大学卒業。東京医大病院内科勤務を経て、
昭和54年、林クリニック医院開設。
元渋谷区立小学校校医。
元渋谷区医師会理事。
著書：『これでいいのか！性教育』（早稲田出版）

ヒトはなぜ幼児を虐待するのか

2011年5月18日　初版第1刷発行

著　者　林　愼吾
発行者　韮澤 潤一郎
発行所　株式会社 たま出版
〒160-0004　東京都新宿区四谷4-28-20
電話　03-5369-3051（代表）
http://tamabook.com
振替　00130-5-94804

印刷所　株式会社 フクイン

乱丁・落丁本はお取り替えいたします。

ISBN978-4-8127-0323-6 C0045